Hans-Christian Zehnter

Vögel – Mittler zweier Welten

HANS-CHRISTIAN ZEHNTER

Vögel

Mittler zweier Welten

VERLAG AM GOETHEANUM

Der Verlag am Goetheanum im Internet: www.VamG.ch

Einbandgestaltung von Gabriela de Carvalho
unter Verwendung eines Photos von Jean-Lou Zimmermann

© Copyright 2008 by Verlag am Goetheanum, CH–4143 Dornach
Alle Rechte vorbehalten
Satz: Höpcke, Hamburg
Druck und Bindung: Freiburger Graphische Betriebe

ISBN 978-3-7235-1337-8

«*Das Reich der Vögel ist der unverstellte Raum. Grundlos und hell wie die Luft ist ihre Seele. Luft bildet ihren Leib, ihr gewichtsloses Gefieder, den Kiel ihres Brustbeins, die hohlen Knochen ihres Skeletts, das leichte Gezwitscher ihrer Kehlen. Aus der Ferne in die Ferne schwingen sie sich, von Winden gestützt, ruhelos und zufrieden. […] Eine Stimme, die noch aus der Urzeit zu ihnen redet, lenkt ihren Willen, streut sie im Sommer über alle Kontinente auseinander und versammelt sie, wenn es Herbst wird, zu den großen Wanderungen. […] Der kosmische Drang, der Zugvögel nach Süden und wieder nach Norden treibt, scheint uns so wunderbar, dass wir in ihm das Walten der Weltseele selber zu entdecken glauben. In den Flatterwolken von Reihern und Kranichen […] sehen wir träumend das Engelreich unserer Kindheit wieder. Mächtige Schwingen schlagen da zu tausenden die Luft, Augen, teilhaft unmenschlicher Erfahrung, schauen durch alle Länder der Erde hin und wissen alles von den Ruinen der Städte, ohne sich um sie zu kümmern. […] Nur das Auge der Vögel, der Lüftetrinker und Fernüberwinder, sieht das Unwandelbare, ohne Wissen zwar und deutliche Gedanken. Kummerlos schlägt ihr Flügel Gehorsam, ihre Herzen singen, was auch die Blume blüht, was die Bäume wehen und das Wasser fließt: ich und der Vater sind eins.*»

Walter Muschg*

... der unverstellte Raum
... aus der Ferne in die Ferne
... ruhelos und zufrieden
... eine Stimme aus der Urzeit
... redet zu, lenkt
... sehen wir träumend das Engelreich unserer Kindheit
... Augen teilhaft unmenschlicher Erfahrung
... Lüftetrinker, Fernüberwinder
... ohne Wissen zwar und deutliche Gedanken
... ich und der Vater sind eins.

---

* Walter Muschg: Weltreich der Vögel. In: Federico Hindermann (Hg.): Vögel in der Weltliteratur. Manesse Bibliothek der Weltliteratur.

Inhaltsverzeichnis

Geleitwort & Dank 9
Vorwort 13

I   Der Vogel ein Kopf ... Der Kopf ein Vogel ...   15
II   Der Vogel – Bürger zweier Welten   48
III   Vögel begleiten den Menschen auf dem Weg
        zur Erde   69
IV   Exkurs zum Evolutionsverständnis
        Rudolf Steiners   87
V   Die Vogelfeder –
        Eine Bildung aus dem Umkreis   112
VI   Fliegen = Denken   136
VII Warum singen Vögel?   175
VIII Seelisch-geistige Ökologie   202
IX   Epilog: Dingfest – vogelfrei ... oder:
        «wirksamer Blick nach außen»   234

Anmerkungen   246
Abbildungsnachweis   258

Geleitwort & Dank

Dieses Buch ist zu einem großen Teil unmittelbar aus der Herausgabe von «Die Welt der Vögel»* hervorgegangen, worin einschlägige Aussagen Rudolf Steiners zum Vogelwesen zusammengestellt und knapp kommentiert sind. Hierbei ist ein komprimiertes Bild von der Bedeutung der Vögel in einem geisteswissenschaftlich betrachteten «Gesamthaushalt der Natur» entstanden.

Die nun zusätzlich vorgelegten Betrachtungen zum Vogelwesen sind einerseits eng an «Die Welt der Vögel» angelehnt, andererseits sind sie eine eigenständige Frucht einer langjährigen Beschäftigung mit der Vogelwelt im Kontext anthroposophischer Naturwissenschaft. Sie stellen weitgehend den Versuch dar, das von Rudolf Steiner entworfene Wesensbild des Vogels mit eigenen Beobachtungen, Betrachtungen und Besinnungen zu beleuchten beziehungsweise zu ergänzen.

Durch die unvermeidlich persönliche Note wären die hier nun erscheinenden Ausführungen in einem Werk, das – wie «Die Welt der Vögel» – allein der Herausgabe

---

* Rudolf Steiner: Die Welt der Vögel. Hg.: Hans-Christian Zehnter, Dornach 2007.

von Werksauszügen Rudolf Steiners dienen soll, fehl am Platze. Sie erscheinen mir aber essenziell genug, um sie jetzt – nach dem Erscheinen von «Die Welt der Vögel» – als eigenes Buch nachreichen zu dürfen. Zugleich mögen sie als forschende und vorläufige Versuche verstanden werden, Einblicke in die Wesenswelt des Vogels zu gewinnen.

Auch wenn «Vögel – Mittler zweier Welten» eine für sich stehende Ganzheit bildet, empfiehlt sich doch eine Kombination mit «Die Welt der Vögel».

Beiden Büchern liegt das Motiv zugrunde, dass Anthroposophie Anregung «zu einem besonderen Anschauen der Welt» sein will.* Sie will zu einer wesensgemäßen Verwandlung der Wirklichkeitsauffassung führen – in der je konkreten Naturbegegnung.

Abschließend möchte ich meinen Dank aussprechen. Mein Dank gilt dem Rudolf Steiner Verlag, Dornach, für die freundliche Zurverfügungstellung der Textstellen aus dem Werk Rudolf Steiners. Dank auch für die von verschiedenen Seiten erhaltenen Abdruckgenehmigungen für Abbildungen und Gedichte.

---

* Rudolf Steiner: Lebendiges Naturerkennen. Intellektueller Sündenfall und Spirituelle Sündenerhebung (GA 220), Vortrag vom 20. Januar 1923.

Meiner Frau sei wärmster Dank ausgesprochen. Sie steuerte – natürlich nicht nur (!) – einige schöne Beispiele aus der Literatur bei. Ebenso möchte ich Wolter Bos danken, der Vorfassungen des Manuskriptes zu großen Teilen und stets fruchtbringend gegenlas. Und schließlich sei der Initiative zur Förderung anthroposophischer Forschung und Kunst, Sampo (CH), sowie der Stiftung zur Pflege von Mensch, Mitwelt und Erde (CH) mein Dank ausgesprochen, die mit ihren finanziellen Förderungen die Arbeit zu diesem Buch ermöglichten. – Von Herzen Dank!

Hans-Christian Zehnter
Dornach, 2008

Vorwort

Vögel begeistern den Menschen seit jeher: Man denke nur an die Auguren in Rom, denen der Flug der Vögel zur Prophetie diente; man denke im christlichen Kontext an die Taube als Symbol für den Heiligen Geist; man denke an den enormen Effort in der modernen Vogelforschung; man denke an die in jedem Frühjahr neu aufkommende Freude über den wieder einsetzenden Vogelgesang.
Mit diesem Buch soll ein weiterer Versuch unternommen werden, dem, was uns Menschen am Wesen des Vogels so begeistert, näher auf die Spur zu kommen. Das Motiv «Vögel – Mittler zweier Welten» soll dabei wegleitend sein. – Ein Motiv, das zwar unvermittelt einzuleuchten vermag. Ein Motiv, das aber auch gut daraufhin abgelauscht werden muss, inwieweit es wirklich für den lebendigen Vogel eine Gültigkeit hat. Von dieser subtilen Frage hängt viel ab. Müssen wir sie mit «Nein» beantworten, dann verwenden wir den Vogel «nur» als Metapher für unsere menschlich-kulturellen Inhalte/Zwecke – und laufen damit Gefahr, das Wesen des Vogels zu verkennen. Wir würden uns damit in einer konkreten Begegnung den freien Blick auf das wahre Wesen des Vogels verbauen, ihn mit unserer Symbolvorstellung

überlagern. Können wir aber die Frage – ob dem Vogel die Eigenschaft eines Mittlers zweier Welten zukommen kann – tatsächlich doch mit «Ja» beantworten, dann allerdings könnte der Vogel ein *Real-Symbol*, ja sogar eine Art Entwicklungs-Vorbild für den Menschen sein, und unsere Begegnung mit einem Vogel würde zweifelsohne eine neue Würdequalität erhalten. Dies aufzuzeigen, hoffe ich, mag mit diesem Buch gelungen sein.

Kapitel I:
DER VOGEL EIN KOPF ...
DER KOPF EIN VOGEL

Allen Vögeln ist gemeinsam, dass sie Eier legen und ein Gefieder haben. Im gesamten Tierreich hat aber nur die Klasse der Vögel Federn. Eier legen auch andere Tiergattungen. Die Befiederung bildet damit *das* typische Merkmal des Vogels. Daher wird in diesem Buch auch der Schwerpunkt auf den mit diesem Merkmal verbundenen Wesenszug des Vogels gelegt.

In diesem Kapitel wird das aufschlussreichste Bild Rudolf Steiners zum Wesen des Vogels beleuchtet, das richtunggebend für alle weiteren Kapitel sein wird:

«Der Vogel [...] ist im Ganzen eigentlich ein Kopf, und in dieser durchwärmten Luft, die er durchfliegt durch den Weltenraum, ist er eigentlich der lebendig fliegende Gedanke.»[1]

Vogel und Kopf des Menschen: zwei Äußerungen ein und derselben Wesens-Charakteristik, die sich gegenseitig ergänzen, beleuchten und wiederum rückwendend auf die ihnen gemeinsame Wesenswelt hinweisen. Betrachten wir dieses Bild zuerst im Kontext des sogenannten

«Viergetiers» und anschließend im Spektrum zwischen vorgeburtlichem und nachtodlichem Leben.

Das Viergetier: Adler – Kopf, Löwe – Brust, Stier – Gliedmaßen, Mensch – Harmonie

«Nicht wahr, man betrachtet sie [die Tierwelt] so, dass man das eine Tier neben das andere stellt; die ähnlich sind, gehören in eine Klasse, in eine Ordnung, und so gliedert man sie nebeneinander. [...] Aber dadurch versäumt man, den Menschen in irgendein Verhältnis zu seiner Umgebung hineinzustellen. Schaut man unbefangen die Tierformen an, dann ergibt sich sehr bald, dass ein Unterschied ist zwischen einem Löwen und einer Kuh. [...] die Kuh ist ganz und gar ein Verdauungsapparat, und die anderen Organe sind mehr oder weniger Ansätze. Daher ist es interessant – verzeihen Sie, wenn ich das erwähne –, der Kuh beim Verdauen zuzuschauen. Sie verdaut, wenn sie da auf der Weide liegt, mit einem solchen Enthusiasmus, einem körperhaften Enthusiasmus, sie ist ganz Verdauung. [...]
Sehen Sie dagegen den Löwen an. Haben Sie nicht das Gefühl: wenn Ihr Herz nicht durch den Verstand daran gehindert würde, zu schwer in die Glieder zu wirken, Ihr Herz würde so warm, wie der Löwe es ist? Es ist der

Löwe so organisiert, dass er einseitig die Brustorganisation des Menschen ausbildet; das andere ist wieder nur Anhangsorgane. Und die Vögel: der Vogel ist eigentlich ganz und gar ein Kopf, wenn wir ihn anschauen.»[2]

Das Viergetier ist ein kulturgeschichtliches Konzept. Es begegnet uns meist als Bild der verschiedenen Seelenseiten des Menschen:

- Adler = scharfes Denken
- Löwe = warme, mutige und strenge Größe des Herzens
- Stier = willensbetonte Tat
- Mensch = Harmonie dieser drei Seelenseiten – um nicht tierischer als jedes Tier zu sein.

Für die Selbstbeobachtung ist es interessant, dass die Seele eine solche Zuordnung unmittelbar mitmacht. Sie hat unmittelbar an etwas teil, was als Gemeinsames dem Adler beziehungsweise dem Denken, dem Löwen beziehungsweise dem Fühlen, dem Stier beziehungsweise dem Willen zugrunde liegt.

Offenbar speisen sich Seelenbetätigung und Naturwesenheiten aus einem gemeinsamen Quell. In der Hinorientierung auf diesen Quell finden sie in eins zusammen: Spreche ich vom Vogel, meine ich zugleich Kopf. Spreche ich vom Kopf, meine ich zugleich Vogel.

Pfingsten: Über geheimnisvolle Fäden sind die Jünger mit einem gemeinsamen Zentrum vereint, in das sich der Heilige Geist im Bild der Taube hineinzusenken vermag
(Detail aus einem Altarbild aus Osnabrück um 1370, Wallraf-Richartz-Museum, Köln)

Damit handelt es sich nicht mehr bloß um eine Metaphorik, sondern um eine Wesens-Identität.
Das Konzept, dass der Vogel im Ganzen ein Kopf ist, speist sich aus dieser Betrachtungsweise, zu der immer der Gesamtbezug zu allen drei anderen Seelenseiten

beziehungsweise Tiergruppierungen hinzugehört. Das «Viergetier» liegt damit sowohl der Natur als auch der menschlichen Seele zugrunde.

Schaue ich so auf die Vogelwelt, dann schaue ich auf dasselbe Lebensgefühl, das ich von mir als Kopfmenschen kenne. Schaue ich so auf die Welt der Kuh, dann schaue ich auf das, was ich von meinem Dasein als Gliedmaßen-Stoffwechsel-Mensch kenne.[3]

Dieses der Tier- wie der Menschenwelt gemeinschaftlich zugrunde Liegende spricht Rudolf Steiner als die vier Gruppenseelen an, denen man in der geistigen Welt begegnen könne – und zwar so, wie man hier den menschlichen Individuen begegnet. Zu diesen Individuen sind die jeweiligen Einzeltiere wie über geheimnisvolle Fäden in einem gemeinsamen Gruppen-Ich verbunden und vereint.[4]

Vom intellektuellen zum künstlerischen Begreifen der Natur

Immer wieder betont Rudolf Steiner, dass wir erst dann zu einer wesensgemäßen Naturanschauung kommen werden, wenn wir die naturwissenschaftliche Beobachtungsweise mit einer künstlerischen Auffassungsgabe bereichern.

«Und darauf habe ich schon öfter aufmerksam gemacht, dass, wenn man die Welt eigentlich wirklich kennenlernen will, man bei dem intellektualistischen Begreifen nicht stehenbleiben kann, dass das Intellektualistische allmählich hinübergleiten muss in das künstlerische Auffassen der Welt.»[5]

Im Künstlerischen ist die Erlebnisfähigkeit des Menschen essenziell, ja konstituierend. Ohne den betrachtenden und erlebenden Menschen gäbe es kein Kunstwerk. Diese Einsicht gilt es auch der Natur gegenüber zu pflegen: Das Erleben des Menschen ist das Auffassungsorgan, durch das das Innere der Natur zur Erscheinung kommt. Will der Mensch das Innere der Natur erfassen, muss er im Moment der sinnlichen Erfahrung seinen Blick auf die eigenen Innenerlebnisse wenden:

«Man vermenschlicht die Natur, wenn man sie erklärt, man legt die inneren Erlebnisse des Menschen in sie hinein. Aber diese subjektiven Erlebnisse sind das innere Wesen der Dinge. Und man kann daher nicht sagen, dass der Mensch die objektive Wahrheit, das ‹An sich› der Dinge nicht erkenne, weil er sich nur subjektive Vorstellungen über sie machen kann. Von einer andern als einer subjektiven menschlichen Wahrheit kann gar nicht die Rede sein. Denn Wahrheit ist das Hineinlegen subjek-

tiver Erlebnisse in den objektiven Erscheinungszusammenhang. [...] Die menschliche Innenwelt ist das Innere der Natur.»[6]

Naturerkenntnis wird auf diese Weise zugleich zur Selbsterkenntnis – und umgekehrt.

Betrachten wir unter diesem Blickwinkel die folgenden Ausführungen Rudolf Steiners zum «Viergetier»:

Die alten Ägypter vor dreitausend Jahren *«haben sich dann gesagt: Der Mensch hat an seinem Kopf Ohren, Augen und andere Organe. Wenn wir uns diese Organe erklären wollen, so können wir nur sagen: Wodurch ist das Ohr, das Auge [...] so geworden, ganz anders als die Organe sonst am Körper? Da haben sie gesagt: Diese Organe am Kopf, Ohr, Auge, die sind deshalb so geworden, weil vorzugsweise auf diese Organe das wirkt, was von außen zum Irdischen kommt, von oben herunter. – Dann haben sie hinaufgeschaut und haben gesagt: Da oben fliegt ein Adler zum Beispiel, der bildet sich aus hoch in den Lüften; da hinauf muss man schauen, wenn man auf die Kräfte schauen will, die im menschlichen Kopfe die Organe bilden. – Deshalb haben sie zunächst, wenn sie den Menschen aufgezeichnet haben, für den Kopf den Adler gezeichnet.*

Wenn wir zum Beispiel Herz und Lunge anschauen, so schauen die ganz anders aus als Auge und Ohr. Wenn wir die Lunge anschauen, da können wir nicht viel zu den Sternen gehen, und beim Herz können wir auch nicht viel zu den Sternen gehen. Die Kraft der Sterne wirkt im Herzen ganz besonders, aber die Form, die Gestalt, die können wir nicht so auf die Sterne beziehen. Das wussten auch schon die alten Ägypter vor dreitausend Jahren: die können wir nicht so auf die Sterne beziehen wie die Kopforgane. Nun dachten sie nach: Wo gibt es ein Tier, welches besonders diejenigen Organe ausbildet, die ähnlich sind dem menschlichen Herzen und der menschlichen Lunge und so weiter? Der Adler bildet besonders diejenigen Organe aus, die ähnlich sind dem menschlichen Kopfe. Das Tier – haben die Alten gefunden –, das am meisten das Herz ausbildet, daher auch das mutigste Tier ist, ganz Herz ist, das ist der Löwe. Daher haben sie diese Organpartie, Lunge, Herz und so weiter, ‹Löwe› genannt. So haben sie also gesagt: Kopf = Adler. Dann der Löwe, der den mittleren Menschen ausmacht. Und dann haben sie gesagt: Aber noch ganz anders schauen des Menschen Gedärme aus. Sehen Sie, der Löwe hat nämlich sehr kurze Gedärme; bei dem sind die Gedärme zu kurz gekommen. Also die Gedärme schauen ganz anders aus. Im Ohr ist eigentlich nur das ganz kleine Gedärm; das ist zierlich gebildet. Unsere übrigen Gedärme sind gar nicht so zierlich gebildet. Wenn man auf die Gedärme hinschauen will, so muss man die

Bildung der Gedärme vergleichen mit den Tieren, welche besonders unter dem Einfluss ihrer Gedärme stehen. Der Löwe steht unter dem Einfluss des Herzens; der Adler steht unter dem Einfluss der oberen Kräfte. Unter dem Einfluss der Gedärme – ja, wenn Sie hinschauen, wenn die Kühe gefressen haben, dann können Sie anmerken den Ochsen und Kühen: diese Tiere stehen ganz unter dem Einfluss ihrer Gedärme. Denen ist furchtbar wohl, wenn sie verdauen. Daher nannten die alten Menschen das, was beim Menschen zu den Gedärmen gehört, den Stier- oder Kuh-Menschen.
Und jetzt haben Sie die drei Glieder der menschlichen Natur:

Adler = Kopf
Löwe = Brust
Stier = dasjenige, was zum Verdauungssystem gehört.

Das wussten natürlich diese alten Menschen auch: Wenn ich nun einem Menschen begegne – der Kopf, der ist doch nicht eigentlich ein Adler, und der mittlere Mensch ist auch nicht ein Löwe, der untere ist auch nicht ein Stier oder ein Ochs. Das wussten sie schon. Daher sagten sie: Ja, wenn nichts anderes da wäre, so gingen wir alle so herum, dass wir oben einen Adlerkopf hätten, dann einen Löwen im Körper, und dann würden wir in den Stier auslaufen. So würden wir alle herumlaufen. Aber nun kommt noch etwas, was den Kopf da oben so umbildet und macht wie einen Menschenkopf, und das wiederum, was macht, dass wir nicht ein eigentlicher Löwe sind und so weiter, das ist der eigentliche Mensch. Der fasst dann alles zusammen.

Tafelskizze Rudolf Steiners zum «Viergetier»

Und es ist wirklich eigentlich merkwürdig, wie diese alten Menschen gewisse Wahrheiten, die wir heute wieder erkennen, dadurch zum Ausdrucke gebracht haben, dass sie Bilder geformt haben. Allerdings, diese Bilder waren ihnen leichter zu formen als uns. Sehen Sie, wir heutigen Menschen, wir können ja manches lernen, aber man kann nicht sagen, dass uns diese Gedanken, die wir heute fürs gewöhnliche lernen, wenn wir sie draußen in der Schule lernen, so sehr zu Herzen gehen. Das war bei diesen alten Menschen doch ganz anders. Die wurden wirklich von Gefühl ergriffen von diesen Gedanken, und deshalb träumten sie auch davon. Und richtig träumten diese Menschen: sie sahen im Bilde den ganzen Menschen und gewissermaßen aus der Stirne heraus einen Adler blickend, aus dem Herzen einen Löwen und aus dem Bauch einen Stier. Das malten sie dann zum ganzen Menschen zusammen, ein sehr schönes Bild. Sodass man sagen kann: Die Alten haben eben den Menschen zusammengesetzt aus Mensch, Stier, Adler, Löwe.

Das hat sich ja noch fortgesetzt in die Beschreibungen der Evangelien hinein. Man ist viel von diesen Dingen ausgegangen. So zum Beispiel sagte man: Nun, es gibt ein Evangelium nach Matthäus, das beschreibt eigentlich den Menschen Jesus geradeso wie einen Menschen, und deshalb wurde dieser Schreiber des Matthäus-Evangeliums der ‹Mensch› genannt. Aber nehmen wir den Johannes, sagten die Alten: Ja, der beschreibt den Jesus so, wie wenn er über der Erde schwebte, wie wenn er über die Erde flöge; er beschreibt eigentlich nur dasjenige, was im menschlichen Kopfe vorgeht. Das ist der ‹Adler›. Wenn

Sie das Evangelium des Markus lesen, so werden Sie sehen, da wird Jesus als der Kämpfer dargestellt, als der Streitbare, der ‹Löwe›. Der beschreibt so wie einer, der vorzugsweise die Brustorgane darstellt. Und der Lukas, wie beschreibt denn der? Lukas ist ja sogar vorgestellt worden als ein Arzt, der vorzugsweise auf die Heilung ausgeht. Das sieht man dem Evangelium auch an. Heilen muss man, indem man nun in die Verdauungsorgane etwas hereinbringt. Daher beschreibt er den Jesus als ‹Stier›, der vorzugsweise in die Verdauung etwas hereinbringt.
Und so kann man die vier Evangelien zusammenfassen:

Matthäus = Mensch   Markus = Löwe
Lukas = Stier   Johannes = Adler.»[7]

«*Ebenso wie sich im physischen Leibe das Wesen der anderen Glieder ausdrückt, drückt sich auch im Ätherleibe das Wesen der anderen Glieder aus, nur drückt es sich da nicht ‹menschlich› aus, sondern es drückt sich ‹tierisch› aus, und zwar in der Form gewisser Tiere, in einer Form, die eine gewisse Ähnlichkeit hat mit unseren äußeren Tierformen. So drückt sich das, was unter dem Ätherleib liegt, der physische Leib, wie ein Schattenbild aus; man nennt diesen Teil des Ätherleibes, in dem sich das physische Glied der menschlichen Wesenheit ausdrückt, den ‹Menschen› […]. Man nennt den Astralleib,*

Im Umkreis des dreifaltigen Gottes: Das Viergetier respektive die vier Evangelisten (Wilhelm Mengelberg: Die Allerheiligste Dreifaltigkeit, 1905, Kölner Dom)

die Empfindungsseele, die sich ausdrückt im Ätherleib, wegen der Ähnlichkeit seiner Ätherform den ‹Löwen›; die Verstandesseele, die sich ausdrückt im Ätherleib, nennt man den ‹Stier› oder die Kuh, und die Bewusstseinsseele mit dem Geistselbst wegen der Ähnlichkeit,

die sie in ihrer Ätherform für den hellseherischen Blick hat, den ‹Adler›. [...]
So haben Sie [...] die vier Zeichen der Apokalypse – Mensch, Löwe, Stier, Adler – als die vier Ausdrücke der Wesensglieder im menschlichen Ätherleibe.»[8]

«*Wie konnte man nun diese Einströmung von oben aus dem Weltenraum in ihrer reinsten Gestalt darstellen? Wir wissen, was dazumal bei der Johannestaufe stattgefunden hat, dass dazumal der dreigliedrige Leib des Jesus von Nazareth [...] verlassen wurde von seinem Ich [...]. Dieses Ich strömte nach oben, und in dieses Ich strömte ein bei seinem Fortgehen der reinste Teil jener Strömung, die schon fortwährend aus dem Weltenraum einströmte, aber nur zu den heute unterbewussten Gliedern des Menschen. Deshalb wird als ein richtiges Symbolum angegeben eine Vogelgestalt, die Gestalt der reinen weißen Taube, die gleichsam den reinsten Extrakt dessen darstellt, was das Adler- oder Cherubhafte der alten Sphinxgestalt war. Und es gehört im Wesentlichen zu der Vollendung der Menschheit auf der Erde, dass in den bewussten Teil des Menschen einströmt diese kosmische, diese Weltenströmung. In dem Bilde des Jesus von Nazareth am Jordan, mit der Taube über ihm, finden wir in der Tat ausgedrückt das Geheimnis, das jetzt zu einem gewissen Abschluss gekommen war.*

[...] Warum konnte diese Strömung aus dem Weltenraum herein so sich gestalten, dass sie zu jener Christus-Kraft wurde, zu jenem Christus-Impuls, der, indem er immer weiter und weiter auf der Erde wirkt, die menschliche Wesenheit ganz ausfüllen, ganz durchdringen wird? Indem der Mensch diesen Impuls in sein Inneres aufnimmt, wird er in der Tat immer mehr und mehr die Wahrheit des Paulinischen Wortes in sich erfüllen: Nicht ich, sondern der Christus in mir. – Gegenüber den anderen drei Strömungen, die da waren als Ergebnis der früheren Entwickelung, wird die neue Strömung, welche die geläutertste Strömung von oben ist, den Menschen immer mehr und mehr ergreifen, immer mehr umspannen, wird immer mehr ihn aber auch loslösen von dem, was ihn an die Erde bindet.»[9]

Wir sind unter dem Blickwinkel der Selbsterkenntnis in die vorhergehenden Stellen aus dem Vortragswerk Rudolf Steiners eingestiegen. Hierbei differenzierte sich das Bild des «Viergetiers»:

Adler	Kopf	Denken	Bewusstseinsseele	Johannes
Löwe	Brustbereich	Fühlen	Empfindungsseele	Markus
Stier	Stoffwechsel-/ Gliedmaßen-Bereich	Wollen	Verstandesseele	Lukas
Mensch		Harmonisierender Ausgleich		Matthäus[10]

Piero della Francesca: Die Taufe Christi
(1450, 168 x 116 cm, London, National Gallery)

Zugleich tat sich eine christologische Dimension dieser Thematik auf: Belässt es der Mensch nicht nur dabei, «Mensch» zu *sein* – also jene Instanz, die den Kopf davor bewahrt, Adler zu werden, die den Brustbereich davor bewahrt, Löwe zu werden, und die den Stoffwechsel-Gliedmaßen-Bereich davor bewahrt, Stier zu werden –, sondern beginnt er, sein Menschsein bewusst zu ergreifen und dadurch die drei anderen Seelenglieder in ein leibungebundenes Dasein zu überführen, verwandelt er zugleich den Vogelaspekt des «Viergetiers» vom Adler zur weißen Taube, die sich bei der Jordantaufe über Jesus zeigte. Dem seien einige Zeilen von Albert Steffen hinzugesellt:

«*Wir lieben die Vögel, weil die gleiche Kraft in ihnen wirkt, die uns in das Reich des Geistes trägt. Ihr Flug ist das Urbild des Gedankens, der in den übersinnlichen Welten waltet. Er ist ein Vorbild für das menschliche Denken. […] Die Taube ist das Bild des Heiligen Geistes, der uns über die Schwelle des Todes und durch die Pforte der Geburt trägt, der Führer durch die Leben, die noch vor uns liegen.*
Wer wie der Adler denkt, vermag sich der Botschaft der Taube als ein Lebender zu erfreuen.»
Aus: Albert Steffen: Lebensgeschichte eines jungen Menschen[11]

Auf der einen Seite bindet mit diesem Verwandlungsmotiv vom Adler zur weißen Taube der Mensch an die Himmelskräfte aus dem Erdenumkreis an, die in diesem

Kontext für ihn zukunftsbildend sind. Und auf der anderen Seite ist in diese Perspektive der Fortentwicklung des «Viergetiers» nicht nur die Entwicklung des Menschen, des Mikrokosmos, sondern auch die Entwicklung der Natur, des Makrokosmos, einzubeziehen. Es gälte also, im Hinschauen auf die Natur den harmonisierenden Ausgleich des «Menschen» zu erkennen und entwickelnd zu ergreifen. Die Entwicklung des «Menschen», dieses vierten Aspektes des «Viergetiers», verlangt sowohl die Fortbildung der Menschenseele als auch die Entwicklung der ausgebreiteten Natur um sie herum. Hier eröffnet sich ein Ausblick auf eine moderne, ökologische Dimension der Betrachtungen, zu der wir im Kapitel VIII zurückkehren werden.

Am Anfang ist der Kopf –
Der Mensch inkarniert als Kopfwesen

Wir haben bisher zwei Bedeutungsrahmen für das Bild, dass der Vogel im Ganzen eigentlich ein Kopf sei, kennengelernt: Der erste Bedeutungsrahmen ergab sich aus der künstlerischen Betrachtungsweise. Hierbei beziehen wir das an der Beobachtung Erlebte zunächst auf unser Selbsterleben im eigenen Leibe. Bin ich zum Beispiel bei der Beobachtung eines auf den Aufwinden in den blauen Himmel entschwindenden Bussards gerade mehr im Kopf-, mehr im Gefühls- oder mehr im Willenspol angesprochen? Die menschliche Organisation des betrachtend-erlebenden Menschen ist also der erste Bedeutungsrahmen.

Der zweite Bedeutungsrahmen ist das in den vorhergehenden Abschnitten ausgeführte Konzept des Viergetieres.

Der dritte – aber bislang wenig ausgearbeitete – Schlüssel zum Verständnis des Kopfdaseins des Vogels ist das Aufgespanntsein der Tiere zwischen dem Pol, der beim Menschen dem Vorgeburtlichen entspricht, und demjenigen, der beim Menschen dem Nachtodlichen entspricht.

Das Leben des Menschen beginnt kopfbetont. Das ist ja leiblich nur allzu deutlich: man vergleiche die Proportionen eines Neugeborenen mit denen eines Erwachsenen! Mit unserem Kopfpol stehen wir – im Gegensatz zum Gliedmaßenpol – dem Geburtsmoment nahe. Der Bewusstseinszustand des Kleinkindes ist ja noch ganz himmlisch ausgerichtet, sein Ich noch im Umkreis, die vorgeburtliche Welt der Engel ist oft noch selbstverständlich vertraut.

« Wer spräche von Engeln,
Wären nicht die Vögel,
Wer sähe den Himmel,

Flögen nicht Schwalben um uns.
[...]
Betet die Vögel an,
Boten des Grenzenlosen,
Die Gefährten, mit welchen
Ihr das Leben teilt.
[...]»

Aus: Walter Muschg: Arie

Die Erfahrungswelt der Gliedmaßen – mit denen wir dem irdischen Dasein nahegebracht werden – muss vom Kleinkind erst Schritt für Schritt erobert werden. Das Kinder-Rätsel: «Am Morgen läuft es auf vier Beinen, über Mittag auf zweien und am Abend gar auf dreien. – Was ist das?» (Der Mensch), zeigt anschaulich, dass für den Menschen zeitlebens die Eroberung der Gliedmaßen eine Herausforderung ist.

Einem Kinde gegenüber sollte man sich also nach all dem Gesagten die Frage stellen, wo es sich selbst noch beheimatet fühlt, und auch, wohin es mit dem Entschluss zum Erdenleben begonnen hat zu emigrieren.

In der kopfbetonten Kindheit leben wir noch in einer deutlichen Nähe zum Vorgeburtlichen. Andererseits wohnt dem vorgeburtlichen Dasein und der Kindheit doch auch eine Entwicklungstendenz inne, die Ablösung von der Welt des Vorgeburtlichen mit aller Entschiedenheit zu vollziehen, sich aus der Welt, aus der der Weg zur Erde genommen wurde, herauszulösen, sich von der kosmischen Welt des Vorgeburtlichen abzukoppeln:

«*Der Mensch hat durch die Antipathie des Kosmos seine Hauptesbildung. Wenn dem Kosmos sozusagen gegenüber dem, was der Mensch in sich trägt, so stark ‹ekelt›, dass er es ausstößt, so entsteht dieses Abbild. Im Kopfe trägt wirklich der Mensch das Abbild des Kosmos in sich. Das rund geformte menschliche Haupt ist ein solches Abbild. Durch eine Antipathie des Kosmos schafft der Kosmos ein Abbild von sich außerhalb seiner. Das ist unser Haupt. Wir können uns unseres Hauptes als eines Organs zu unserer Freiheit deshalb bedienen, weil der Kosmos dieses Haupt zuerst von sich ausgestoßen hat.*», so Rudolf Steiner zu Beginn seiner «Allgemeinen Menschenkunde».[12]

Deutlicher kann die Ambivalenz des Kopfpoles kaum skizziert werden: einerseits Bild des Kosmos, andererseits sich herauslösend aus dem Kosmos.[13] Beim Kind noch die Rückwendung zur Welt des Vorgeburtlichen, zu den Engelswesen, beim Erwachsenen die Fähigkeit, im Denken einen eigenen Kosmos auszubilden; beim Kind die entwicklungsmäßige Ablösung aus der geistigen Wesenswelt, beim Erwachsenen die Fähigkeit zum eigenständigen, abstrakten Denken als Steigerung der beim Kind beginnenden Abkapselung, sodass wir uns schließlich mit dem Kopfpol aus der Welt des Göttlich-Geistigen ausgeklammert finden. In seiner Entwicklungstendenz kapselt sich der Kopf ab: Das, was den Kopf erst zum Kopf macht, sein Zentralorgan, das Gehirn, ist schwerelos im Gehirnwasser gelagert, wenn man so will also leib- beziehungsweise erdenungebunden – zugleich aber auch abgekapselt in einer geschlossenen Schädelschale.

«In dieser eigentlichen Denkorganisation liegt auch das Gebiet, durch das der Mensch sein Selbstbewusstsein erlebt. Die Denk-Organisation ist eine Sternen-Organisation. Lebte sie sich einzig als solche aus, dann trüge der Mensch in sich nicht ein Selbstbewusstsein, sondern ein Götterbewusstsein. Aber die Denkorganisation ist Sternen-Organisation, herausgehoben aus dem Sternen-Kosmos und versetzt in das irdische Geschehen.» [14]

Wem kommt bei diesen Zeilen Rudolf Steiners eingedenk der Wesensverwandschaft von Vogel und Kopf nicht unmittelbar die Sternen-Orientierung der Zugvögel in den Sinn? (siehe Kapitel VI).

Demgegenüber steht der Gliedmaßenpol, der Willenspol, in dem die Entwicklungszukunft des Menschen liegt – das gilt sowohl für die Entwicklung des Einzelnen als auch für die Entwicklung der Menschheit. Durch den

Kopf erwirbt sich der Mensch die Freiheit des eigenständigen Denkens; aber: er löst sich damit auch aus dem Kosmos, aus der Kooperation mit der göttlich-geistigen Welt heraus. In den Gliedmaßen hingegen ist er noch immer – unbewusst – mit dem Kosmos verbunden. Man bedenke doch, wie weise, sach- und sinngemäß sich unsere Glieder fortwährend verhalten müssen, von welcher Weisheit sie erfüllt und geführt sein müssen, damit wir als Mensch auf der Erde leben können.

«Wenn der Mensch, sagen wir, körperlich arbeitet, so bewegt er seine Glieder, das heißt, er schwimmt ganz und gar im Geiste herum. [...] das ist der Geist, der draußen ist. Ob Sie Holz hacken, ob Sie gehen, wenn Sie nur Ihre Glieder bewegen, indem Sie Ihre Glieder zur Arbeit bewegen, zur nützlichen oder unnützlichen Arbeit bewegen, plätschern Sie fortwährend im Geiste herum, haben es fortwährend mit dem Geiste zu tun.», so Rudolf Steiner gegen Ende seiner «Allgemeinen Menschenkunde».[15]

In der Richtung der Gliedmaßen liegt die Richtung des Nachtodlichen, denn dort werden wir wieder mit den Wesen zusammenarbeiten, aus denen wir uns durch die Abgezogenheit unseres Kopfes herausgelöst haben. Im Gliedmaßenpol sind wir nicht ausgestoßen aus der geistigen Welt, sondern schwimmen noch immer mitten drin in ihr. Der Willenspol ist damit auch unser Zukunftspol. Hier binden wir wieder an die geistige Welt an. Er wird ja auch nicht umsonst als der Pol der Re-Ligio bezeichnet.

Hierin, in dem Zusammenführen der im selbständigen Denken erworbenen Freiheit und der damit verbundenen Entwicklung des Selbstbewusstseins, in der Wiederanbindung unseres abstrakt gewordenen Intellektes an das Göttlich-Geistige, das überall um uns herum in der mit dem Gliedmaßenpol erfahrbaren Welt vorhanden ist, liegt das Ziel des Projektes «Mensch», des Projektes, mit dem Kopfpol das Erden-Leben zu beginnen und über die Gliedmaßenerfahrung, über die Willenstat die Erdenwelt wieder zu verlassen. Hierbei ist der Erzengel Michael, der menschheitsführende Geist unserer Kulturepoche, wegleitend:

«Es ist Michaels Aufgabe, den Menschen auf den Bahnen des Willens dahin wieder zu führen, woher er gekommen ist, da er auf den Bahnen des Denkens von dem Erleben des Übersinnlichen zu dem Sinnlichen mit seinem Erdenbewusstsein heruntergestiegen ist.»[16]

«Indem sich der Mensch als freies Wesen in Michaels Nähe fühlt, ist er auf dem Wege, die Kraft der Intellektualität in seinen ‹ganzen Menschen› zu tragen; er denkt zwar mit dem Kopfe, aber das Herz fühlt des Denkens

Hell oder Dunkel; der Wille strahlt des Menschen Wesen aus, indem er die Gedanken als Absichten in sich strömen hat. Der Mensch wird immer mehr Mensch, indem er Ausdruck der Welt wird; er findet sich, indem er nicht sich sucht, sondern in Liebe sich wollend der Welt verbindet.»[17]

Der durch die Abkoppelung frei gewordene Denkpol muss sich – mit neu zu erringendem Götterbewusstsein – wieder liebend dem Willenspol verbinden.

Das Vogelwesen steht, fliegt es, auf dem Kopf

Zu einem umfassenden Verständnis dessen, was gemeint ist, wenn man vom Vogel als Kopf spricht, kommt man nur, wenn man das Aufgespanntsein des Menschen zwischen Vorgeburtlich und Nachtodlich, zwischen Kopf und Willensbereich mitberücksichtigt; wenn man einbezieht, dass der Mensch aus einer geistigen Welt kommt, sich von ihr ablöst und sich ihr willentlich erneut zuwendet.
Während sich aber der Mensch abkapselt, steht das Tier noch immer in der Welt seiner Herkunft (siehe Kapitel II). Der Vogel steht am Pol der Inkarnation, hat selbst noch deutlichen Bezug zur Welt des Vorgeburtlichen,

Leonardo da Vinci (1452–1519):
Das Abendmahl (1495–1497), Mailand.
Ein Lehr-Bild der Gebärden – bis in den Knochenbau[18]

lebt ein *Bild* des Noch-Verbundenseins mit der geistigen Welt dar. Zugleich ist er aber auch ein Bild dafür, noch nicht ganz auf die Erde gekommen zu sein.

Man stelle sich einmal vor das «Abendmahl» Leonardo da Vincis. Wie halten die Menschen links vom Christus die Arme, und wie die Menschen rechts von ihm. Und: Was macht der Christus selbst mit seinen Armen? Am besten ahmt man die je extremsten Armstellungen einmal nach.

Nun frage man sich, wie sich jeweils Elle und Speiche – die beiden Knochen des Unterarmes – verhalten?

Ist die Handinnenfläche (und mit ihr der Arm) abwärts gerichtet, im Extrem aufgestützt, so sind Elle und Speiche gekreuzt. Die Speiche dreht sich über die Elle herüber. Beim seitlich ausgestreckten Arm liegt dann die Elle hinten, und der Daumen zeigt nach vorne. Variationen dieser Haltung zeigen alle Jünger auf der Seite des rechten Armes von Christus (außer Johannes mit seinen gefalteten Händen und außer der rechten Hand des Judas, die den Geldbeutel umfasst). Ist die Handinnenfläche nach oben gerichtet, so sind die beiden Knochen parallel, die Elle weist nach vorn, der Daumen nach hinten. Variationen dieser Haltung zeigen alle Jünger auf der Seite des linken Armes von Christus (außer der linken Hand des Jakobus). – Die einen stützen sich auf die Erde, die anderen wenden sich zum Himmel.

In welcher Stellung aber stehen Elle und Speiche bei den
Vögeln? Die beiden Knochen stehen parallel zueinander,

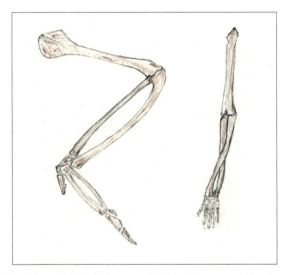

Rechts: Elle und Speiche im menschlichen Unterarm sind gekreuzt
bei nach unten weisender Handfläche, dabei weist der Daumen
nach vorne. Links: Flügelskelett des Vogels: Elle und Speiche sind
parallel, obwohl der Daumen nach vorne weist (Skizze: HCZ)

obwohl die «Hand-Innen-Fläche» abwärts gerichtet ist,
die Elle trotzdem hinten und der «Daumen» nach vorn
gerichtet ist![19]

Wir stehen also vor einem Rätsel! Es kann gelöst werden, wenn wir uns fragen, was wir tun müssen, um in die Lage der Vögel zu kommen! – Man richte zuerst die Handinnenflächen aufwärts und stelle sich dann anschließend auf den Kopf! Jetzt sind auch bei uns die Handinnenflächen abwärts gerichtet und zugleich sind die beiden Unterarmknochen parallel, und die Speiche ist hinten, der Daumen weist nach vorne.

Was sagt das nun über die Vögel aus? Sobald sie sich in die Lüfte erheben, stehen sie gleichsam Kopf. Ihr Boden ist die Luft und nicht die Erde! Zumindest, solange sie sich den Flügeln anvertrauen!

Fassen wir zusammen: Schon allein die Tatsache des Fliegens (also das Nicht-Auf-der-Erde-Sein) legt die Verwandtschaft des Vogels mit dem Geburts- beziehungsweise Kopfpol nahe. Gleiches gilt für die Leichtgewichtigkeit der Vögel. Dem entspricht auch, dass der Vogel im Flug nicht von unten getragen, sondern von oben herauf gesogen wird (so wie das auch an den flexiblen Dächern schwungvoller Cabriolets beobachtet werden kann, die sich bei schneller Fahrt rund aufwölben).

Dass ihm der Erdboden nicht wirklich Heimat ist, das zeigt sich ja schon augenfällig in den sogenannten «Beinen» des Vogels, aus denen sich weitestgehend das Leben herausgezogen hat und von denen der Vogel wie von dünnen, mechanischen Stelzen getragen wird. Dem kommt wohl ein Lebensgefühl nahe, in dem man sich selbst wie aus seinen Beinen herausziehen und sich die eigene Daseinsidentifikation vor allem im Brust-, Kopf- und Flügelbereich abspielen würde.

Oder man denke an die «Stummel-Füßchen» des Mauerseglers, der ja jedes Landen auf dem Erdboden möglichst meidet, der in der Luft schläft, sich gar dort kopuliert und nur für die Jungenaufzucht in den Häusernischen den Halt des Festen aufsucht.

Ernst Michael Kranich arbeitete sehr anschaulich heraus, dass wir es bei den Beinen des Bussards beispielsweise funktional gar nicht mit Beinen, sondern mit Händen, mit «Greifen» zu tun haben. – Dem Vogel ist also das Lebensgefühl des «Beinens» eher ein fremdes.[20]

Mit zunehmender Erdenschwere, mit zunehmender Eroberung des Erdendaseins senkt sich auch die Herzschlagfrequenz. So haben die Vögel den hohen Puls mit den Kleinkindern gemeinsam, respektive: sie steigern den im Vergleich zum Erwachsenen erhöhten Puls des Kleinkindes in für uns eigentlich nicht mehr lebensfähige Bereiche: Während beim Säugling im *Mittel* etwa 160 Mal pro Minute der Puls schlägt und beim Schulkind etwa 120 Mal pro Minute, kann sich der Pulsschlag bei den Vögeln ins schier «Unermessliche» steigern: Der Blaukehlkolibri kann eine maximale Herzschlagfrequenz von 1260 Schlägen pro Minute erreichen, der Stieglitz maximal 925 Schläge und der Haussperling immerhin noch 902 Schläge pro Minute.[21]

An der Betrachtung zum Abendmahl von Leonardo da Vinci wurde erst ein entscheidender Wesenszug des Vogels deutlich: Er ist – zumindest als fliegender Vogel – noch gar nicht auf die Erde gekommen. Er ist der Hinneigung zu den Himmeln verhaftet geblieben. Er stützt sich nicht auf die Erde, sondern hat seinen Boden in den Lüften, himmelwärts, er wird von der Atmosphäre gehalten.

Der Vogel ist also ein Bild unseres Kopfpoles und damit auch ein Bild für das Geistige. Gerade das Strahlige seines ausgebreiteten Flügels wird ja auch immer wieder in spirituell-religiösen Darstellungen gewählt, um das Geistige darzustellen. Von seiner Natur aus aber ist der Vogel ein Geistiges, das noch nicht auf die Erde gekommen ist und noch nicht den Durchgang, die Auseinandersetzung mit der Erde, das Hineintragen des Geistigen auch ins Fühlen und in den Stoffwechsel-Gliedmaßen-Pol durchgemacht hat. – Doch hierzu am Ende des Kapitels VIII mehr.

Walter Muschg: Arie

Wer spräche von Engeln,
Wären nicht die Vögel,
Wer sähe den Himmel,
Flögen nicht Schwalben um uns.

Ist es ein Gebot
Des Menschenverstandes,
Dass Drosseln und Finken
Lüfte durchsegeln?

Staub ist das Leben,
Hingeworfen ins Leere.
Aber der Staub, er singt,
Asche, sie ist beflügelt.

Betet die Vögel an,
Boten des Grenzenlosen,
Die Gefährten, mit welchen
Ihr das Leben teilt.

Eine andere Erde
Ist es, die sie bewohnen,
Andrer Wind, der sie trägt,
Andre Lust, die sie treibt.

Wer weint über Vögel,
Wenn sie verderben?
Wer achtet ihrer,
Die ohne Gewicht?

Weint über den Tod
Für alle oder keinen,
Es gibt nur einen,
Aber ihr kennt ihn nicht.

Kapitel II:
DER VOGEL – BÜRGER ZWEIER WELTEN

Alle Tiere sind noch dem Jenseits zugewandt, ja können letztlich als noch dort beheimatet betrachtet werden. In diesem jenseitsbezogenen – wenn man so will – vorirdischen Dasein sind die Tiere wie «Vor-Bilder» für das diesseitige Leben der menschlichen Seele: Der Vogel, ein Vor-Bild des menschlichen Kopfes, der Nähe zur Welt des Vorgeburtlichen. Der Löwe als Vor-Bild der Brustregion, des gegenwärtigen Lebens in der Wahrnehmung. Die Kuh, Vor-Bild für den Gliedmaßen-Stoffwechsel-Pol, dem Nachtodlichen nahestehend. – Oder auch anders formuliert: Tiere sind, was Menschen haben.[22]

Die Tiere als unsere Lebensgenossen zu begreifen, die nicht wirklich auf die Erde gekommen sind, die nicht in unserer «Menschen-Welt» leben, ist ein Grundschlüssel zum Verständnis des Tier- und Menschenwesens ... und ein weiterer zum Verständnis der Vogelwelt. Man vergleiche etwa einmal den Blick eines Tieres mit dem Blick eines Menschen. Rainer Maria Rilkes achte Duineser Elegie ist hierfür eine überraschend exakte und hilfreiche Orientierungshilfe.

«Mit allen Augen sieht die Kreatur
das Offene. Nur unsre Augen sind
wie umgekehrt und ganz um sie gestellt
als Fallen, rings um ihren freien Ausgang.
Was draußen ist, wir wissens aus des Tiers
Antlitz allein; denn schon das frühe Kind
wenden wir um und zwingens, dass es rückwärts
Gestaltung sehe, nicht das Offne, das
im Tiergesicht so tief ist. Frei von Tod.
Ihn sehen wir allein; das freie Tier
hat seinen Untergang stets hinter sich
und vor sich Gott, und wenn es geht, so gehts
in Ewigkeit, so wie die Brunnen gehen.
Wir haben nie, nicht einen einzigen Tag,
den reinen Raum vor uns, in den die Blumen
unendlich aufgehn. Immer ist es Welt
und niemals Nirgends ohne Nicht: das Reine,
Unüberwachte, das man atmet und
unendlich weiß und nicht begehrt. Als Kind
verliert sich eins im Stilln an dies und wird
gerüttelt. Oder jener stirbt und ists.
Denn nah am Tod sieht man den Tod nicht mehr
und starrt hinaus, vielleicht mit großem Tierblick.
Liebende, wäre nicht der andre, der
die Sicht verstellt, sind nah daran und staunen ...
Wie aus Versehn ist ihnen aufgetan
hinter dem andern ... Aber über ihn
kommt keiner fort, und wieder wird ihm Welt.
Der Schöpfung immer zugewendet, sehn
wir nur auf ihr die Spiegelung des Frein,

*von uns verdunkelt. Oder dass ein Tier,
ein stummes, aufschaut, ruhig durch uns durch.
Dieses heißt Schicksal: gegenüber sein
und nichts als das und immer gegenüber.*

*Wäre Bewusstheit unsrer Art in dem
sicheren Tier, das uns entgegenzieht
in anderer Richtung –, riss es uns herum
mit seinem Wandel. Doch sein Sein ist ihm
unendlich, ungefasst und ohne Blick
auf seinen Zustand, rein, so wie sein Ausblick.
Und wo wir Zukunft sehn, dort sieht es Alles
und sich in Allem und geheilt für immer.*

*Und doch ist in dem wachsam warmen Tier
Gewicht und Sorge einer großen Schwermut.
Denn ihm auch haftet immer an, was uns
oft überwältigt – die Erinnerung,
als sei schon einmal das, wonach man drängt,
näher gewesen, treuer und sein Anschluss
unendlich zärtlich. Hier ist alles Abstand,
und dort wars Atem. Nach der ersten Heimat
ist ihm die zweite zwitterig und windig.
O Seligkeit der* kleinen *Kreatur,
die immer bleibt im Schooße, der sie austrug;
o Glück der Mücke, die noch* innen *hüpft,
selbst wenn sie Hochzeit hat: denn Schooß ist Alles.
Und sieh die halbe Sicherheit des Vogels,
der beinah beides weiß aus seinem Ursprung,
als wär er eine Seele der Etrusker,*

aus einem Toten, den ein Raum empfing,
doch mit der ruhenden Figur als Deckel.
Und wie bestürzt ist eins, das fliegen muss
und stammt aus einem Schooß. Wie vor sich selbst
erschreckt, durchzuckts die Luft, wie wenn ein Sprung
durch eine Tasse geht. So reißt die Spur
der Fledermaus durchs Porzellan des Abends.

Und wir: Zuschauer, immer, überall,
dem allen zugewandt und nie hinaus!
Uns überfüllts. Wir ordnens. Es zerfällt.
Wir ordnens wieder und zerfallen selbst.
Wer hat uns also umgedreht, dass wir,
was wir auch tun, in jener Haltung sind
von einem, welcher fortgeht? Wie er auf
dem letzten Hügel, der ihm ganz sein Tal
noch einmal zeigt, sich wendet, anhält, weilt –,
so leben wir und nehmen immer Abschied.»

Rainer Maria Rilke, Achte Duineser Elegie

Rilkes künstlerisch empfindender Blick in die Natur erlaubt ihm, einen Grundunterschied zwischen Mensch und Tier zu fassen: Das Tier schaut noch nicht heraus, es trennt noch nicht zwischen sich und der Welt, es tritt noch nicht in eine Welt des Gegenübers, der «Gegen-Stände» ein. Das Tier lebt – wenn man so will – noch im Jenseits, noch im «Schooß», im «Offenen», im unverstellten Raum – «frei von Tod», wie Rilke es formuliert.

> *«Mit allen Augen sieht die Kreatur*
> *das Offene. [...] Frei von Tod.*
> *Ihn sehen wir allein; das freie Tier*
> *hat seinen Untergang stets hinter sich*
> *und vor sich Gott, und wenn es geht, so gehts*
> *in Ewigkeit, so wie die Brunnen gehen.*
> *Wir haben nie, nicht einen einzigen Tag,*
> *den reinen Raum vor uns, in den die Blumen*
> *unendlich aufgehn. Immer ist es Welt*
> *und niemals Nirgends ohne Nicht: das Reine,*
> *Unüberwachte, das man atmet und*
> *unendlich weiß und nicht begehrt.*
>
> *Als Kind*
> *verliert sich eins im Stilln an dies und wird*
> *gerüttelt.*
> *Oder jener stirbt und ists.*
> *Denn nah am Tod sieht man den Tod nicht mehr*
> *und starrt hinaus, vielleicht mit großem Tierblick.*
> *[...]*
> *Dieses heißt Schicksal: gegenüber sein*
> *und nichts als das und immer gegenüber.*
> *[...]*
> *Und wo wir Zukunft sehn, dort sieht es [das Tier]*
> *Alles*
> *und sich in Allem und geheilt für immer.»*

Der Mensch hat sich mit seinem gegenständlichen, auswärts gewandten Blick vom Jenseits getrennt. In der

Neuzeit hat er sich in die Welt des Raumes eingelebt – und sich damit zwar die notwendige Bedingung zur Freiheit geschaffen. Zugleich hat er sich aber auch von den Göttern abgekoppelt. Sein Blick ist umgedreht, nicht mehr rückwendig zum Ursprung, sondern vorwärtsblickend und mit der Frage verbunden: Wie kann dieser nach vorn gewandte Blick doch wieder an die Götterwelt anbinden? Rudolf Steiner schildert dieses Verhältnis der modernen Menschheit zur Welt der Götter (und vice versa) immer wieder in sehr eindrücklicher Weise:

«Wenn seit dieser Zeit [seit dem ersten Drittel des 15. Jahrhunderts] und insbesondere in der Gegenwart die göttlich geistigen Wesen auf die Erde herunterschauen, so finden sie im Grunde genommen überall ihnen Fremdes. Die Menschen machen da unten auf der Erde etwas, was sie selber sich aus den Vorgängen und Dingen der Erde zusammenkombinieren. Es ist das den Göttern, mit denen die Menschen zwischen dem Tode und einer neuen Geburt leben, ein fremdes Element. […]
Die Raumesanschauung nämlich ist überhaupt eine menschliche Anschauung. Die Götter, mit denen der Mensch in seiner wichtigsten Zeit zwischen dem Tode und einer neuen Geburt zusammenlebt, haben zwar eine ausgesprochene Zeitanschauung, aber diese Raumesanschauung, die der Mensch auf der Erde erwirbt, haben

sie überhaupt nicht. Das ist ein spezifisch Menschliches, diese Raumesanschauung. Der Mensch tritt eigentlich erst in den Raum ein, indem er aus der göttlich-geistigen Welt in die physische Welt heruntergeht.»[23]

Fledermaus, Vogel, Insekt

Doch wieder zurück zu Rilke. Er empfand nicht nur den großen Unterschied zwischen Tier und Mensch, sondern auch, dass die einzelnen Tiergruppen – dass das Insekt, der Vogel, die Fledermaus, das «wachsam warme» Säugetier – in je anderer Weise am «Schooße» teilhaben. Die einen Tiere sind mehr dem Jenseits, dem «Schooße», ihrem geistig-kosmischen Ursprung, die anderen sind schon mehr dem Diesseits zugewandt:

> *«Und doch ist in dem wachsam warmen Tier*
> *Gewicht und Sorge einer großen Schwermut.*
> *Denn ihm auch haftet immer an, was uns*
> *oft überwältigt – die Erinnerung,*
> *als sei schon einmal das, wonach man drängt,*
> *näher gewesen, treuer und sein Anschluss*
> *unendlich zärtlich. Hier ist alles Abstand,*
> *und dort wars Atem. Nach der ersten Heimat*
> *ist ihm die zweite zwitterig und windig.*
> *O Seligkeit der kleinen Kreatur,*

die immer bleibt im Schooße, der sie austrug;
o Glück der Mücke, die noch innen hüpft,
selbst wenn sie Hochzeit hat: denn Schooß ist Alles.
Und sieh die halbe Sicherheit des Vogels,
der beinah beides weiß aus seinem Ursprung,
als wär er eine Seele der Etrusker,
aus einem Toten, den ein Raum empfing,
doch mit der ruhenden Figur als Deckel.
Und wie bestürzt ist eins, das fliegen muss
und stammt aus einem Schooß. Wie vor sich selbst
erschreckt, durchzuckts die Luft, wie wenn ein Sprung
durch eine Tasse geht. So reißt die Spur
der Fledermaus durchs Porzellan des Abends.»

Das wachsam warme Säugetier, die Fledermäuse, die Vögel und schließlich die noch ganz der Sternenwelt verwandten, im Jenseits lebenden Insekten. So wie hier Rilke in seiner achten Duineser Elegie die Tierwelt ordnet, genauso verfährt auch Rudolf Steiner – freilich auf seine Weise:

«*Das erste Tier von oben herunter, das auf irdische Art sehen muss, ist unangenehm von diesem Sehen berührt. Die Fledermaus hat das Sehen nicht gerne, und sie hat daher etwas, ich möchte sagen wie verkörperte Angst vor dem, was sie sieht und nicht sehen will. Sie möchte so vorbeihuschen an den Dingen: sehen müssen und nicht*

sehen wollen – da möchte sie sich so überall vorbeidrücken. [...]
Die Fledermäuse überwinden gar nicht durch das Innere ihres Körpers die Schwere der Erde. Sie sind nicht lichtleicht wie der Schmetterling, sie sind nicht wärmeleicht wie der Vogel, sie unterliegen schon der Schwere der Erde und fühlen sich auch schon in ihrem Fleisch und Bein. [...]
Die Erde ist umwoben von den Schmetterlingen: sie sind die kosmische Erinnerung; und von dem Vogelgeschlechte: es ist das kosmische Denken; und von der Fledermaus: sie ist der kosmische Traum, das kosmische Träumen. Es sind in der Tat die fliegenden Träume des Kosmos, die als Fledermäuse den Raum durchsausen. Wie der Traum das Dämmerlicht liebt, so liebt der Kosmos das Dämmerlicht, indem er die Fledermaus durch den Raum schickt. Die dauernden Gedanken der Erinnerung, sie sehen wir verkörpert in dem Schmetterlingsgürtel der Erde; die in der Gegenwart lebenden Gedanken in dem Vogelgürtel der Erde; die Träume in der Umgebung der Erde fliegen verkörpert als Fledermäuse herum.»[24]

Die Mücke – bei Rudolf Steiner der Schmetterling – ist noch selig mit dem Jenseits verbunden, eine Identifikation mit dem sinnlich erscheinenden Leib gehört nicht ihrem Wesen an.

*«Welch schönes Jenseits
ist in deinen Staub gemalt.
[...]
Abschiedswebe in der Vergänglichkeiten Maß.*

*Schmetterling
aller Wesen gute Nacht!
[...]»*

Aus: Nelly Sachs: Schmetterling

Die Fledermaus ist «das erste Tier von oben herunter», das sich schon dem Diesseits zuwendet, sich mit seinem Leib verbindet, aber wie vor sich selbst erschreckt die Luft durchzuckt. Der Vogel lebt – in seiner «halben Sicherheit» – gerade am Übergang: eingeschlossen in seinen

Leib wie in einer Gruft, aber noch ganz an seine himmlische Herkunft angebunden. Und das Säugetier lebt in einer Art trauernder Erinnerung an seine Herkunft, die Welt doch schon nicht mehr als Ursprung, als bergenden «Schooß» empfindend.

Und der Mensch? Wo steht der Mensch in dieser Anordnung?

> «Und wir: Zuschauer, immer, überall,
> dem allen zugewandt und nie hinaus!
> Uns überfüllts. Wir ordnens. Es zerfällt.
> Wir ordnens wieder und zerfallen selbst.
> Wer hat uns also umgedreht, dass wir,
> was wir auch tun, in jener Haltung sind
> von einem, welcher fortgeht? Wie er auf
> dem letzten Hügel, der ihm ganz sein Tal
> noch einmal zeigt, sich wendet, anhält, weilt –,
> [...]»

Der Vogel zwischen Insekt und Säugetier

Die Tiere also – im Gegensatz zum Menschen – noch ganz im «Schooße» der Natur, des Ursprungs. In dieser Welt des Ursprungs kann man als Tier einerseits noch ganz dem Jenseits, der Welt der Engel, zugewandt leben oder andererseits schon mehr dem Diesseits des Menschen.

Die erste, zum Umkreis bezugnehmende Weise stellt sich im Tierreich eher durch exzentrische Gestaltungen dar. Die zweite, sich eher vom Umkreis abschließende mehr durch die runde, geschlossene Gestalt; in dieser Richtung nimmt das Gewicht, aber auch das seelische Erleben zu.[25]

Der Vogel ist Bürger beider dieser Welten: ein zugleich erlebendes wie umkreisoffenes Tier, zwischen Himmel und Erde, zwischen Schmetterling und Säugetier. Auf der einen Seite sein «Leibeswesen», auf der anderen Seite sein «Flügelwesen». Richtet man nämlich den Blick auf seinen Körper samt seinem Sinnespol, dann tritt einem etwas entgegen, was man als ein seelisch empfindendes Wesen bezeichnen kann. Nimmt man aber nur seine Flügel- und Schwanzfedern in Betracht, so offenbart sich ein vollkommen anderes Wesen. Hier findet sich nichts mehr von einem (etwa in den Federn) erlebenden Seelenwesen. Hier finden sich Hoheitliches in der Gebärde, in Farbe und Muster (teils überraschend erhabener Ausprägung; siehe Kapitel V) sowie die Ausrichtung in den Umkreis – auffällig vor allem im aufgefächerten Zustand. Dieser Aspekt des Vogels scheint seinem «Leibeswesen» wie von außen angefügt. «Welch schönes Jenseits ...» – auch beim Vogel.

Anmutungen des Vogels: Leibeswesen und Flügelwesen
(Zeichnungen: HCZ)

In diesem Sinne äußert sich Rudolf Steiner über die Vogelnatur auch in anderen Zusammenhängen, etwa dann, wenn er zwischen den geistigen Wesenheiten unterscheidet, die den Vogelzug bestimmen, und jenen, die die Leibesform herausbilden, und noch expliziter, wenn er von der Bildung der Vogelfeder spricht, deren Schaft vom Leib des Vogels, deren Fahne aber vom Umkreis gebildet ist (Ausführlicheres hierzu in Kapitel V, das ganz der Vogelfeder gewidmet ist).

Außer in Gestalt und Färbung findet man diese beiden Aspekte des Vogelwesens auch im Verhalten. Man betrachte einmal das sogenannte «Rütteln» eines Turmfalken unter diesem Blickwinkel.

Das Rütteln des Turmfalken: ein «öffentlicher Widerstreit»
zwischen «Leibes-» und «Flügelwesen»
(Photo: Jean-Lou Zimmermann)

Ist sein begehrendes «Leibeswesen» mit seinem Blick nicht schon längst bei der Beute, während die Schwingen das allzu voreilige Zuschlagenwollen des bloßen Begehrens noch in der Luft zurückhalten? So betrachtet sehen wir eine Art «öffentlichen Widerstreit».

Oder: Man vergleiche die folgenden beiden Situationen ihrem Erlebnisgehalte nach: Eine gespannt auf der Lauer liegende Katze, ihr geducktes, geschmeidig geführtes Heranschleichen ... und auf der anderen Seite eine an der Futterstelle erscheinende Kohlmeise.

Kohlmeise an der Futterstelle (Photo: Jean-Lou Zimmermann)
… und lauernde Katze (Photo: Borntaler. www.pixelio.de)

Wo sind wir stärker in unserem Gliedmaßenerleben angesprochen? Unfraglich beim Katzenbeispiel. Ja, die Frage sei erlaubt, ob man bei der Kohlmeise überhaupt eine Art Gliedmaßenerlebnis empfindet. Abgesehen davon, dass ja tatsächlich die Beine des Vogels oft nur wie dünne und zähe, drahtige Gestelle wirken und uns ansonsten eine kopfrunde Gestalt begegnet, die ihre Schwingen ausfahren kann; abgesehen davon, dass wir mit unserem Gliedmaßengefühl bei den Flügeln des Vogels nicht mehr ganz mitkommen (wir ahnen, dass sie wahrscheinlich an unseren Schulterblättern ansetzen würden; wir ahnen vielleicht auch noch, wie wir sie bewegen würden – aber wir müssten dann doch zugeben, dass sich ein recht fremdes, eben beflügeltes Gefühl einstellen würde); abgesehen von alledem, begegnet einem ein Federball mit Farben und Muster, aber mit vergleichsweise wenig Begabung zu Mimik und Gebärde, beinahe starr wie Masken. Oft genug kann man ja beim Singvogel gar nicht von Bewegung sprechen; denn was man sieht, sind Stellungswechsel, ruckartige Wendungen des Körpers oder des Kopfes. Gerade noch blickte die Kohlmeise zur Hecke, jetzt schaut sie schon gen Himmel und im nächsten Augenblick ist sie schon wieder weg. Es scheint, als seien die Vögel wie bewegte Masken, deren Bewegungsantrieb im Verborgenen liegt, etwa wie bei Marionetten.

Innerlich seelisches Erleben – diese Erfahrung tritt uns in der Tierwelt insbesondere bei den Säugetieren entgegen. In der Insektenwelt indes setzt sich die Tierseele in einer ganz anderen Weise in Bezug zum Leiblichen. Während das Säugetier sich so darstellt, dass wir sein Seelisches wie aus seinem Innern hervorquellen sehen, tritt das Seelische bei den Insekten in einer viel geistigeren, ja «neutraleren», «sachlicheren» Weise wie von außen mit seiner sinnlichen Erscheinung in Bezug.

Man denke auch an die Lautgebungen der Tiere: Wie innerlich seelisch doch das Muhen einer Kuh oder das Miauen einer Katze, hervorquellend aus dem Leibesinnern! Wie geräuschhaft sachlich hingegen das Gezirpe der Heuschrecke, hervorgebracht durch geradezu mechanische Vorrichtungen am Leibesäußeren. – Das Säugetier intoniert mehr vokalisch, das Insekt erzeugt Konsonantisches.

Oder man vergleiche die Zielhaftigkeit einer auf der Lauer liegenden Katze mit jener pendelnden Suchbewegung, mit der beispielsweise eine Hummel versucht, den Eingang zu ihrer Brutstätte ausfindig zu machen. Oder man denke an den flatterhaften Flug des Schmetterlings von Blüte zu Blüte. Ja allein schon, dass er mit seinen papieren erscheinenden Flügeln mehr in die Fläche und Farbe geht als in die sich geschmeidig äußernde Voll-Körperlichkeit der Säugetiere!

Oder man verfolge einmal bei einer Libelle, wie sich ihr «Blicken» darstellt: Von einem Blicken (schon gar nicht durch das Auge *hindurch*) kann nicht die Rede sein, noch weniger von einem mit dem Auge fixierenden Blick. Beim Auge des Löwen bildet die im Zentrum sitzende, schwarze Pupille einen nach innen sammelnden Fokus, der mit dem sich bewegenden Auge auf das Objekt gerichtet bleibt.

Beim Libellenauge findet man kein vergleichbares Inneres. Der eine Innerlichkeit suchende Blick des Betrachters wird abgewiesen, und wird stattdessen auf den schillernd farbigen Glanz der Oberfläche und auf den mosaikartigen Feinbau der Facetten-Augen verwiesen. Ein erschreckend sprechendes, reales Gegenbild davon sind mit

Der Blick des Löwen und der «Blick» einer Libelle (Zeichnungen: HCZ)

einer Cyberspace-Brille in eine fremd-bestimmte Scheinwelt, fern von der irdischen Wirklichkeit, abtauchende, ja gefangene Menschen.

Zerrbild des Insektenauges: «Cyperspace-Brillen-Mensch»
(Photo: www.produktdesign.com)

All das macht es dem eigenen Empfinden schwierig, beim Insekt noch von Innerlichkeit zu reden. Ganz im Gegenteil erlebt man die suchende Hummel, den flatternden Schmetterling mehr wie von außen gelenkt, wie von außen geführt. Wenn man so will, hat man es beim Insekt mit einer Art exzentrischen, beim Säugetier mit einer zentrischen Innerlichkeit zu tun.

Der Vogel hat beides: Mit seinem «Leibeswesen» findet sich zentrische, mit seinem «Flügelwesen» exzentrische «Innerlichkeit» vor.

Nebenbei bemerkt: Verdauen Vögel vielleicht deshalb so schnell, nicht weil sie möglichst wenig Gewicht fürs Fliegen haben wollen, sondern möglicherweise weil sie so stark in den Umkreis orientiert sind? Denn: Man führe sich einmal eine solche Lebenslage vor Augen, in der man selbst derart exzentrisch ausgerichtet ist. Wie verdaut man denn da?

Doch wieder zurück zum Vogel zwischen Säugetier und Insekt. Diese Mittelstellung geht auch durch die verschiedenen Vogelarten hindurch: Bei Arten etwa wie dem Eichelhäher, dem Seidenschwanz, dem Dompfaff mutet in der Geschmeidigkeit ihres Gefieders und ihrer Bewegungen recht viel Säugetierhaftes an, indes im schwirrenden Flug und in der schillernden Buntheit der Kolibris ohne Frage Insektenhaftes.

In der Spanne zwischen
Säugetier und Insekt liegt
etwa der Seidenschwanz
mehr auf der Seite
des Säugetiers, der Kolibri
mehr auf der Seite
des Insektes

(Photo vom Seidenschwanz:
Jean-Lou Zimmermann;
Photo vom Kolibri aus:
Robert Burton:
Der Vogelflug)

Fassen wir zusammen:
Um der aktuellen Begegnung mit dem Vogel gerecht zu werden, haben wir einen dritten Punkt für unsere Naturbeobachtungen hinzugewonnen:
- Der Vogel als Kopf-Pol des Viergetiers
- Der Vogel in seiner Nähe zum Vorgeburtlichen
- Der Vogel als noch im Innenraum lebendes Tier ausgerichtet auf zwei Welten.

Das alles müssen wir lernen mitzusehen!

> *Nelly Sachs: Schmetterling*
>
> Welch schönes Jenseits
> ist in deinen Staub gemalt.
> Durch den Flammenkern der Erde,
> durch ihre steinerne Schale
> wurdest du gereicht,
> Abschiedswebe in der Vergänglichkeiten Maß.
>
> Schmetterling
> aller Wesen gute Nacht!
> Die Gewichte von Leben und Tod
> senken sich mit deinen Flügeln
> auf die Rose nieder,
> die mit dem heimwärts reifenden Licht welkt.
>
> Welch schönes Jenseits
> ist in deinen Staub gemalt.
> Welch Königszeichen
> im Geheimnis der Luft.[26]

Kapitel III:
VÖGEL BEGLEITEN DEN MENSCHEN AUF DEM WEG ZUR ERDE

Zu dem im vorhergehenden Kapitel entwickelten Bild des Vogels als Bürger zweier Welten gehört ihre Rolle als «Inkarnationshelfer». Hierzu folgen zunächst zwei einschlägige Zitate aus dem Vortragswerk Rudolf Steiners. Anschließend wird eingehend ein Morgenverlauf mit dem dazugehörigen Werdegang des Vogelgesangs betrachtet. In der aufsteigenden Hälfte des Jahres wachen wir ja jeden Morgen mit dem Gesang der Vögel auf, der sich gerade am Übergang zwischen Nacht – dem Nicht-Erscheinen der Welt – und Tag – wenn die Welt ganz im Sonnenlicht erglänzt – verlautbart.

Schmetterlinge und Vögel – Erinnerungen ans vorgeburtliche Leben

«Wenn Sie die Schmetterlinge und die Vögel ansehen, so haben sie allerdings irdische Formen; aber [...] der Schmetterling ist eigentlich ein Lichtwesen, und die irdische Materie ist ihm nur angeflogen. Wenn er selber Ih-

nen sagen könnte, was er ist, so würde er Ihnen verkündigen, dass er einen Leib aus Licht hat, und dass er, wie ich bereits sagte, das, was ihm als Erdenmaterie angeflogen ist, wie ein Gepäck, wie etwas Äußeres an sich trägt. Ebenso ist der Vogel ein warmluftiges Tier, könnte man sagen, denn der wahre Vogel ist die warme Luft, die in dem Vogel ausgebreitet ist; das andere ist sein Gepäck, das er durch die Welt schleppt. [...] Diese Wesenheiten haben auch solche Formen, welche denjenigen, der nun auch hinüberschauen kann in die Zeit, die der Mensch vor seinem Herabstieg in das Erdenleben durchmacht in der geistigen Welt, erinnern an das, was in der geistigen Welt durchgemacht ist. Gewiss, es sind irdische Formen, denn die irdische Materie ist angeflogen. Wenn Sie sich aber richtig vorstellen die schwebenden, webenden Leuchtewesen, die die Schmetterlinge sind, wenn Sie sich wegdenken das, was ihnen vom Irdischen angeflogen ist, wenn Sie sich vom Vogel wegdenken, was ihm vom Irdischen angeflogen ist, wenn Sie sich diese Kraftmasse denken, die den Vogel zum warmen Luftwesen macht, mit dem, was dann sein Gefieder ist, nur als leuchtende Strahlen, wenn Sie sich das denken, dann erinnern diese Wesenheiten, die nur wegen ihrer äußeren Bekleidung so aussehen und auch die Größe, die sie haben, nur eben wegen dieser äußeren Bekleidung haben, denjenigen, der eben auch das Menschenwesen kennt vor seinem Herab-

stieg auf die Erde, an dieses Menschenwesens Herabstieg auf die Erde. Dann sagt sich derjenige, der so hineinschaut in die geistige Welt: In den Schmetterlingen, in den Vögeln haben wir etwas, was erinnert an jene Geistformen, unter denen der Mensch gelebt hat, bevor er auf die Erde herabgestiegen ist, an die Wesen der höheren Hierarchien. Mit Verständnis Schmetterlinge und Vögel angeschaut, sind sie eine ins Kleine umgesetzte, metamorphosierte Erinnerung derjenigen Formen, die man als Geistformen um sich hatte, als man noch nicht herabgestiegen war in die Erdenentwickelung. Weil die Erdenmaterie schwer ist und überwunden werden muss, so ziehen die Schmetterlinge ihre gigantisch große Gestalt, die sie eigentlich haben, ins Kleine zusammen. Wenn Sie von einem Schmetterlinge absondern könnten alles, was Erdenmaterie ist, so würde er sich allerdings zur Erzengelgestalt als Geistwesen, als Leuchtewesen ausdehnen können. Wir haben schon in denjenigen Tieren, die die Lüfte bewohnen, irdische Abbilder dessen, was in höheren Regionen auf geistgemäße Art vorhanden ist. Daher war es in der instinktiven Hellseherzeit ein selbstverständlich künstlerisches Wirken, aus den Formen der Flugtiere die symbolische Form, die bildliche Form der Geistwesen der höheren Hierarchien zu bilden. Das hat seine innere Begründung. Im Grunde sind die physischen Formen von Schmetterlingen und Vögeln eben die

physischen Metamorphosen von Geistwesen. Nicht die Geistwesen haben sich metamorphosiert, aber die metamorphosierten Abbilder davon sind sie; es sind natürlich andere Wesenheiten.
Daher werden Sie es auch verständlich finden, wenn ich, zurückkommend auf etwas, was ich schon ausgesprochen habe, noch einmal das Folgende Ihnen zeichne. Ich sagte Ihnen, der Schmetterling, der eigentlich ein Lichtwesen ist, schickt fortwährend zeit seines Lebens hinaus die durchgeistigte Erdenmaterie in den Kosmos. Ich möchte nun diese durchgeistigte Erdenmaterie, die da in den Kosmos hinausgeschickt wird, mit Anlehnung an einen gebräuchlichen Ausdruck der Sonnenphysik die Schmetterlingskorona nennen. So strahlt die Schmetterlingskorona fortwährend in den Kosmos hinaus. Aber in diese Schmetterlingskorona strahlt ein, was das Vogelgeschlecht jedesmal, wenn der Vogel stirbt, dem Kosmos übergibt, sodass da hineinstrahlt die vergeistigte Materie vom Vogelgeschlecht, hinaus in den Kosmos. Man hat dann von außen, geistig gesehen, den Anblick einer glimmenden Korona, ausgehend vom Schmetterlingsgeschlecht – – nach gewissen Gesetzen erhält sich diese auch im Winter –, und mehr strahlenförmig hineingestellt, was von den Vögeln ausfließt.»[27]

Links: Cherubim, Kuppel der Klosterkirche Sucevita, Rumänien, Fresko, Anfang 16. Jahrhundert

Rechts: Rotkehlchen beim Abflug (Zeitspanne: eine achtel Sekunde; aus: Robert Burton: Vogelflug)

«Sehen Sie, wenn der Mensch sich anschickt, herunterzusteigen aus der geistigen Welt in die physische Welt, da ist es zunächst die Schmetterlingskorona, diese eigentümliche Ausstrahlung von vergeistigter Erdenmaterie, die den Menschen ins irdische Dasein ruft. Und die Strahlen der Vogelkorona, die werden mehr empfunden wie Kräfte, die hereinziehen. Nun sehen Sie noch eine höhere Bedeutung desjenigen, was im Luftkreise lebt. [...] Die Erde lockt gewissermaßen den Menschen zur Wiederverkörperung herein, indem sie die Leuchteausstrahlung der Schmetterlingskorona und die Strahlung der Vogelkorona hinausschickt in den Weltenraum. Das sind die Dinge, die den Menschen, nachdem er eine Zeitlang zugebracht hat in der rein geistigen Welt zwischen dem Tode und einer neuen Geburt, wiederum hereinrufen in das neue Erdendasein. Es ist daher kein Wunder, wenn der Mensch sich schwer enträtseln kann das komplizierte Gefühl, das er mit Recht hat beim Anblick der Schmetterlings- und der Vogelwelt. Denn dasjenige, was da wirklich ist, sitzt tief im Unterbewusstsein. Das, was da wirklich ist, ist die Erinnerung an die Sehnsucht nach neuem Erdendasein.»[28]

Tafelskizze Rudolf Steiners zur «Korona» der Erde

Der Gesang der Vögel im Verlauf des Morgens[29]

Die folgenden Betrachtungen zu einem typischen Verlauf dessen, wie morgens (in der aufsteigenden Hälfte des Jahres) die Welt um uns herum zur Erscheinung kommt, erlauben es, den morgendlichen Verlauf des Vogelgesanges in einen Kontext zu stellen, durch den der Frage, warum die Vögel morgens (oder zu anderen Zeitpunkten) singen, eine Antwortrichtung gegeben werden kann. Dadurch wird gleichzeitig dem Bild des «Vogel als Inkarnationshelfer» ein anschauliches Phänomen zur Seite gestellt.

Kosmische Sternen-Heimat in der Nacht

In der Nacht dominiert der Sternenhimmel. Man sieht kleine Lichtpunkte – die wir Sterne nennen – und deren Beziehungen zueinander. Der Gesamtanblick des Sternenhimmels schenkt einem das Erlebnis von Ordnung, von Schönheit, von Glanz – alles ist in die Ganzheit der einenden Himmelskuppel aufgehoben. Ordnung, Schönheit, Glanz – das sind drei Bedeutungen des Wortes «Kosmos». Im nächtlichen Anblick des Sternenhimmels haben wir das Erlebnis «Kosmos – Ordnung, Schönheit, Glanz».

Schaut man aber um sich herum in die Erden-Nacht hinein, so bietet der Erden-Umkreis noch keinen Halt, keine Sicherheit. Man hat nicht das Gefühl von Orientierung, von Ordnung.

Im Gegenteil sogar: Man findet hier unten nur Schwärze – eine Schwärze, die uns in sich hineinziehen will, ein saugender Hohlraum –, ein Nichtsein. Schnell wendet sich der Blick wieder zum «Kosmos». Hier findet man Geborgenheit, Heimat – im Blick zum Himmels-Sternen-Zelt.

Heimatlosigkeit zwischen Nacht und Tag

Nach und nach, aber unaufhaltsam, zieht sich der Sternenhimmel zurück. – Das ist ein bedeutender Schritt: Der Kosmos zieht sich zurück, lässt uns allein auf der Erde. In diesem Moment kann es passieren, dass einen nichts mehr trägt, denn weder Sternenhimmel noch die dämmernde Erde bieten Geborgenheit, Heimat. Eine große Verunsicherung kann auftreten. Vor allem dann, wenn sich die Welt der Dinge schon zu zeigen beginnt, die Welt sich aber insgesamt noch grau, trist – tatsächlich farblos zeigt. Manchem drängt dann die Frage hoch: Wird es je wieder Tag, wird die Welt je wieder farbig werden? Bevor also irgendwelche Farben kommen, erscheint die Welt in einem nebelartigen, vagen, einheitlichen, luftig-bewegten Grauen des Morgens.

Dämmern – aus dem Umkreis in Erscheinung treten

Umso mehr ist man jetzt für jedes verheißungsvolle Zeichen dankbar: «Da, sehe ich da nicht etwas wie Farbe am Himmel?» Erste flüchtige, noch mehr zu ahnende als festzuhaltende atmosphärische Farben. – Am *Himmel* also, die ersten Farben!
Und in diesem Moment passiert Weiteres: «War da nicht

etwas? Habe ich da nicht etwas gehört?» Von weitem, zuerst noch ahnungsweise – vielleicht – einige ferne Vogelstimmen.

Zunehmend baut sich ein Vogelstimmendom um uns herum auf, der wellenartig heranbrandet, immer dichter wird, und nun eine neue Geborgenheit schenkt, einen neuen Aufenthaltsraum für die Seele.  – Nach dem Sternenglitzern, flüchtige Farben am Himmel begleitet vom Vogelstimmenglitzern aus dem fernen Umkreis. Wie ein Nachklang des nächtlichen Sternenhimmels.

Vom Gräuen zum Farbigwerden

Jetzt trennt sich auch das Gräuen, und hervor treten Helligkeit und Dunkelheit. Die Nachtschwärze verdichtet sich, fällt auf die Erde herunter – im Kontrast zum aufhellenden, langsam aufleuchtenden Horizont. Und mit

der Schwärze fällt – erst jetzt – auch ungemütliche Morgenkälte herab.

Damit beginnen aber auch die ersten Farben auf der Erde zu erscheinen: Zuerst immer die Glanzfarben (Blau, Rot, Gelb); meist zuletzt das Grün, das Grün der Welt, der Landschaft.

In dieser Phase leuchten die Farben fluoreszenzartig auf. Sie sind noch an keine Formen gebunden. Nimmt man jetzt einen farbigen Becher in die Hand, dann nimmt man weder dessen Form noch den Becher als Gegenstand, sondern man erfasst eine Art farbige Wolke.

Neue Heimat – Taufrische Erdenordnung

Dann endlich kommen auch die Formen. Alles wirkt nun taufrisch, wie frisch gewaschen, quellfrisch in Erscheinung getreten. Schließlich kommen wir im Hier und Jetzt an. Das Räumliche tritt auf: In der Landschaft sieht man die horizontbezogene Weite, die Welt ist begehbar geworden! Die Welt ist da, ist zur Erde gekommen. Unsere Gliedmaßen und Sinne finden nun Sicherheit, eine neue Überzeugung, eine neue Ordnung.

Fassen wir hier kurz zusammen. Anfangs am Himmel ein Minimum an Sinnlichem: kleine Lichtpunkte, zusammengehalten durch eine übersinnliche Ordnung; jeder gegenständlichen Fassbarkeit entzogen. Dann wie ein verwandelter Nachklang des Sternenglitzerns der Vogelgesang, der sich vom Umkreis her allmählich zu einem zweiten Himmelsdom über und um uns herum aufbaut. Ein zweites Mal begegnet uns damit Ordnung, Schönheit, Glanz: Kosmos. Und dieser neue Kosmos ist nun schon deutlich weiter herabgesenkt: Der Sternenhimmel ist weit über unserem Haupt angesiedelt; der Vogelgesang erscheint auf der Höhe von Kopf und Brust. Mit dem Erscheinen der Farben wird dann vollends das Gemüt angesprochen. Und schließlich rückt der Kosmos

noch eine Stufe herab, um im Erscheinen von Form und Raum dem Gliedmaßenpol zu entsprechen.

Warten auf den Höhepunkt

Geht man so mit dem Morgen mit, bleibt lange eine ungewohnte Lebendigkeit, Erquickung der Sinneserscheinungen erhalten. Die Seele und ihre Sinne geben sich nicht so schnell der Ernüchterung hin, der Abstumpfung durch das Alltagsgeschäft. Und das ist gut so, denn nun braucht es noch ein wenig Geduld, um auf den Höhepunkt des Morgens zu warten.

Zwar ist die Welt schon da, ist schon in Erscheinung getreten. Das ist ja in der Nacht offenbar nicht der Fall. Was kommt am Tage hinzu, dass dann die Welt in Erscheinung tritt? Offenbar ist etwas präsent, anwesend – im Gegensatz zur Nacht, wie gesagt –, was die Welt in Erscheinung bringt – und das nennen wir Licht. Licht bringt in Erscheinung – tritt aber selbst nicht hervor. Tritt man in die Welt der Erscheinung, so tritt man zugleich in einen übersinnlichen, unsichtbaren Raum des Lichtes! – Jeden Tag von neuem!

Endlich steigt auch die Sonne überm Horizont empor! Und mit ihr wird die ganze Welt der Erscheinungen wieder emporgehoben, nach ihrem «Fall» in die räumliche Gegenstandswelt des Tages. Und eigentlich läuft die ganze Entwicklung auf diesen Moment zu: Mit der Sonne tritt etwas am Himmel auf, das nicht beleuchtet ist, sondern selbst leuchtet, das selbst nicht beschienen wird, aber alles andere bescheint!

Ohne es bewusst zu bemerken, tritt eine neue Ordnung auf: Die zentrale Bezogenheit zur Sonne. Alles erfährt eine Hinorientierung zur Sonne – in Licht und Schatten; und: Was sich zur Sonne neigt, das glänzt. Die Welt erhält einen «Schönheitsglanz». Und das ist mehr als nur helle Flecken, die auf den Blättern erscheinen.

Wir leben in der Stimmung des Glanzes der Welt. Erhobenheit, Heiterkeit, Goldstimmung durchweht die Welt. Die Sonne strahlt, die Seele lacht. Wir stehen in einem Raum, der durch und durch von Sonne und Licht kündet. Ein Raum voll Ordnung, Schönheit, Glanz. – Das ist der Höhepunkt des Morgens.

Der Regenbogen
des morgendlichen Vogelkonzertes[30]

Auch das Vogelkonzert beginnt oft schon «mitten in der Nacht». Dann aber zunächst noch mit einzelnen, teils eher scharf klingenden Stimmen (etwa die vom Hausrotschwanz oder vom Rotkehlchen). Wie überwache, aber auch heimatlose Stimmen im Nachtdunkel erklingen diese vereinzelten überklaren Stimmen.

Oft beginnt es auch mit eher geräuschhaften Rufen (wiederum zum Beispiel vom Rotkehlchen oder vom Hausrotschwanz; oder auch mit dem von Natur aus eher geräuschhaften Gesang vom Teichrohrsänger oder ähnlichen Arten). Diese erklingen dann mehr vom Untergrund her. (Von dort aus «krakeelt» noch weit vor dieser Phase das untergründige Keckern und Kollern der Kröten und Frösche heran.)

Als Zuhörer ist man in diesem Beginn selbst meist überwach, manchmal regelrecht «aufgedreht». Wenn dann aber aus dem fernen Umkreis Stimmen erklingen, die mehr fließend-strömenden Charakter tragen, dann entspannt die Seele, dann wird sie ruhig und nimmt diesen fernen Gesang der Amsel dankbar entgegen. Eigenartig, ja wundersam, dass dieser Beginn immer aus der Ferne kommt. Das gilt selbst für denjenigen, der dort steht, wo für uns, an unserem Ort des Hörens, die Ferne liegt.

Auch ihm erklingen die Stimmen wie von ferne. Der Vogelgesang verhält sich in dieser Dämmerungsphase wie der Regenbogen, der für jeden Betrachter seinen eigenen Mittelpunkt hat und sich räumlich nicht einordnen lässt.

Mit zunehmender Morgendämmerung schwinden die letzten Sterne – ferne Erinnerungen an einen göttlichen Ursprung der Welt –, und mit dem allmählichen Hellwerden tauchen Farben auf, zuerst am Himmel und dann auch an den langsam sich herausbildenden Gegenständen in der Landschaft um uns herum. In diese Phase hinein legen die Vögel ihren Gesang, der wie ein letztes Nachfunkeln der kosmischen Sternenwelt im Erwachen der Erdenwelt erlebt werden kann. Bis zu diesem Zeitpunkt *sieht* man in der Regel so gut wie keinen Vogel. Aus der Dunkelheit erklingen Stimmen. Stimmen von überall her kommend, hohe Stimmen, flötende Stimmen. Der sich zurückziehende Sternenhimmel hinterlässt «Lichtes-Sternen-Klang», den Hörraum erfüllend, in mir erklingend, in mich hinein singend.

Der Gesang der Amsel hat durch seinen weiten Hall – wo auch immer sie ihn herholen mag (!) – einen alle anderen sich allmählich einstellenden Vogel-Gesänge integrierenden, sie verbindenden Klangmantel. Durch die Amselhülle werden die unzähligen Stimmen aus dem Umkreis zu einem chorischen Konzert vereint.

Kommt dieser Gesang zunächst noch vom fernen Horizont, so beginnt er jetzt immer mehr zu einem Klangdom aufzusteigen, der weit über uns aufgespannt sich von allen Seiten zu füllen beginnt. Die Klänge nehmen bald einen jubilierenden Charakter an. In einem großen Zusammenklang wird der anbrechende Tag begrüßt.

Im weiteren Verlauf rückt der Gesang immer näher heran, überschreitet sein Dichte- und Intensitätsmaximum, um dann allmählich den chorischen Zusammenklang zu verlieren – insbesondere mit dem Abebben des Amselgesanges. Jetzt erscheint für das Auge die räumliche Ordnung der Welt. Immer mehr verlieren sich die fließend-strömenden Gesänge, und klare, akzentuierte, rufartige Vogelstimmen treten an ihre Stelle (wie etwa die von Kohlmeise und Buchfink). Nicht nur dass sich der Zusammenklang auflöst! Vielmehr tritt nun – wie in der Sichtwelt auch – eine gegenständliche Vereinzelung der Klänge ein. Tagesernüchterung und -sachlichkeit tritt ein. Wir sind auf der Erde angekommen.

Mit dem später aufsteigenden Glanz der Sonne, in regenahnenden Momenten oder schließlich in der Abenddämmerung wird das Irdische der Erde – sprichwörtlich – wieder aufgehoben und neuer, glitzernd-klingender Gesang etwa von Stieglitz, Goldammer und Feldlerche (auch der der Amsel) kann wieder einsetzen und auch uns erheben.

Nelly Sachs: Chor der Ungeborenen

Wir Ungeborenen
Schon beginnt die Sehnsucht an uns zu schaffen
Die Ufer des Blutes weiten sich zu unserem Empfang
Wie Tau sinken wir in die Liebe hinein
Noch liegen die Schatten der Zeit wie Fragen
Über unserem Geheimnis
Ihr Liebenden,
Ihr Sehnsüchtigen,
Hört, ihr Abschiedskranken:
Wir sind es, die in euren Blicken zu leben beginnen,
In euren Händen, die Suchende sind in der blauen Luft
Wir sind es, die nach Morgen Duftenden.
Schon zieht uns euer Atem ein,
Nimmt uns hinab in euren Schlaf
In die Träume, die unser Erdreich sind
Wo unsere schwarze Amme, die Nacht
Uns wachsen lässt,
Bis wir uns spiegeln in euren Augen
Bis wir sprechen in euer Ohr
Schmetterlingsgleich
Werden wir von den Händen eurer Sehnsucht gefangen
Wie Vogelstimmen an die Erde verkauft
Wir Morgenduftenden,
Wir kommenden Lichter für eure Traurigkeit[31]

Kapitel IV:
Exkurs zum Evolutionsverständnis Rudolf Steiners

Mit dem Kopf des Menschen entsteht der Vogel

«Die wirkliche Anschauung der Evolution [...] ergibt [...], dass der Mensch, so wie er heute vor uns steht, dasjenige Wesen ist, welches die längste Entwickelung hinter sich hat, dessen Entwickelung zurückgeht bis in die alte Saturnzeit. Sodass wir also sagen müssen: Der Mensch ist das älteste Geschöpf innerhalb unserer Erdenentwickelung. Erst während der Sonnenzeit ist die Tierheit dazugekommen, während der Mondenzeit die Pflanzenheit; und das mineralische Reich, wie wir es heute haben, ist eigentlich erst ein Erdenergebnis, ist erst während der Erdenentwickelung dazugekommen.
[...]
Schreitet dann die Evolution vor von der Saturnzeit zur Sonnenzeit, dann entsteht ein Wesen, das eine weitere Ausbildung, eine Luftumbildung, eine Luftmetamorphose des Hauptes hat; aber es gliedert sich an in einer feinen Substanz, was dann später zu den Brustgebilden, zu den Atmungs- und Herzgebilden des Menschen wird.

Also hier – im Saturn – haben wir noch wesentlich diejenige Metamorphose, welche das menschliche Haupt darstellt. Aber das ist natürlich die spätere Form. Kommen wir zur Sonnenzeit herauf, so haben wir den Kopf-Brustmenschen; es gliedert sich an, was nun Brust des Menschen ist. Gleichzeitig aber entsteht schon in der letzten Saturn- und in der ersten Sonnenzeit dasjenige, für das wir nun den Repräsentanten zu sehen haben im Adler. Es entsteht das Vogelgeschlecht in der ersten Sonnenzeit, [...]» [32]

Am Anfang war der Mensch

«Nun aber, in der Wärme kann der Mensch als Seele leben. Wärme macht auf die Seele den Eindruck der Empfindung, aber sie zerstört die Seele nicht. Sie zerstört aber das Körperliche. Wenn ich also ins Feuer geworfen werde, so wird mein Körper zerstört. Meine Seele wird dadurch, dass ich ins Feuer geworfen werde, nicht zerstört. [...] Nun, deshalb konnte auch der Mensch als Seele schon leben, als nur dieser erste Zustand, der Saturnzustand da war.

Da konnte der Mensch schon leben. Das Tier konnte da noch nicht leben, aber der Mensch konnte da schon leben. Das Tier konnte da noch nicht leben, weil beim

Tiere, wenn das Körperliche zerstört wird, das Seelische mit beeinträchtigt wird. Beim Tier hat das Feuer auf das Seelische einen Einfluss. Sodass wir bei diesem ersten Zustande annehmen: Der Mensch ist schon da, das Tier noch nicht. Als diese Umwandlung (Sonnenzustand) stattgefunden hat, war Mensch und Tier da. Das ist eben das Merkwürdige, dass nicht eigentlich die Tiere ursprünglich da waren und der Mensch aus ihnen entstanden ist, sondern dass der Mensch ursprünglich da war und nachher die Tiere, die sich gebildet haben aus demjenigen, was nicht Mensch werden konnte. Der Mensch war natürlich nicht so als ein Zweifüßler herumgehend da, als nur Wärme da war, selbstverständlich nicht. Er lebte in der Wärme, war ein schwebendes Wesen, lebte nur im Wärmezustand. Dann, als sich das umwandelte und ein luftförmiger Wärmekörper entstand, da bildeten sich neben dem Menschen die Tiere, da traten die Tiere auf. Also die Tiere sind schon verwandt mit dem Menschen, aber sie entstehen eigentlich erst später als der Mensch entstehen kann im Lauf der Weltentstehung.

Was tritt jetzt weiter ein? Weiter tritt das ein, dass die Wärme noch mehr abnimmt. Und wenn die Wärme noch mehr abnimmt, dann bildet sich nicht nur Luft, sondern auch Wasser. Sodass wir also einen dritten Weltenkörper haben. Ich habe ihn – aus dem Grunde, weil er ähnlich sieht unserem Mond, aber doch nicht dasselbe ist

*– Mond genannt. [...] Natürlich bleiben Luft und Wärme dabei, aber was da noch nicht vorhanden war beim zweiten Weltenkörper, das Wasser, das tritt jetzt auf. Und jetzt, weil Wasser auftritt, kann da sein: der Mensch, der schon früher da war, das Tier, und aus dem Wasser heraus schießen die Pflanzen auf, die ursprünglich nicht in der Erde wuchsen, sondern im Wasser wuchsen. [...]
So müssen Sie sich die ursprünglichen Pflanzen vorstellen wie die heutigen Wasserpflanzen – sie schwammen im Wasser drinnen –, wie Sie sich auch die Tiere vorstellen müssen mehr als schwimmende Tiere, und gar hier, im zweiten Zustand, mehr als fliegende Tiere.
Von allem, was ursprünglich da war, ist eben etwas zurückgeblieben. Weil ursprünglich, als der Sonnenzustand da war, als nur Mensch und Tier da war, alles nur fliegen konnte – denn es war ja nichts zum Schwimmen da, es konnte nur alles fliegen –, und weil die Luft zurückgeblieben ist, auch jetzt noch, haben diese fliegenden Wesen Nachkommen gefunden. Unser heutiges Vogelgeschlecht, das sind die Nachkommen der ursprünglichen Tiere, die da entstanden sind im Sonnenzustand. Nur waren sie dazumal nicht so wie heute. Dazumal waren sie nur aus Luft bestehend; luftartige Wolken waren diese Tiere. Hier (Mondenzustand) haben sie sich dann das Wasser eingegliedert. Und heute [...] – ja, schauen wir uns nur einmal einen Vogel an! Der Vogel wird heute*

zum größten Teil recht gedankenlos angeschaut. Wenn wir die Tiere, die da vorhanden waren während des Sonnenzustandes, uns vorstellen sollen, müssen wir sagen: Die waren nur aus Luft; die waren schwebende Luftwolken. Wenn man sich heute einen Vogel anschaut: Dieser Vogel hat hohle Knochen, und in den hohlen Knochen ist überall Luft drinnen! Es ist sehr interessant, den heutigen Vogel auf das hin anzuschauen: Überall drinnen in diesem Vogel, in die Knochen hinein, überall hinein ist Luft. Denken Sie sich weg alles, was nicht Luft ist, so kriegen Sie nur ein Luftiges: den Vogel. Und hätte er nicht diese Luft, so könnte er überhaupt nicht fliegen. Der Vogel hat hohle Knochen, und dadrinnen ist er ein Luftvogel. Das erinnert noch an den Zustand, wie es früher war. Das andere hat sich erst ringsherum gebildet in der späteren Zeit. Die Vögel sind wirklich die Nachkommen dieses Zustandes.»[33]

«Drachenvögelsterne»

«Nun, aus dem Zustand ist ein anderer entstanden, in dem ganz merkwürdige Tiere gelebt haben. Also sehen Sie, da oben in der Feuerluft, da haben allerlei Tiere gelebt. Die haben so ausgeschaut, dass man sagen kann: Sie haben so einen ganz beschuppten Schwanz gehabt,

der aber flach war, sodass der Schwanz ihnen gut zum Fliegen in der Feuerluft diente. Und dann hatten sie solche Flügel wie die Fledermaus, hatten auch solch einen Kopf. Und da flogen sie, als die Feuerluft nicht mehr solche ganz schädliche Dünste in sich gehabt hat, da oben in der Luft herum. Gerade diese Tiere waren merkwürdig geeignet dazu – natürlich, wenn die Stürme ganz besonders groß geworden sind, wenn es furchtbar gedonnert und geblitzt hat, dann wurde es ihnen auch ungemütlich; aber wenn die Sache sanfter geworden ist, wenn nur so ein bisschen Knistern da oben war und so ein leises Wetterleuchten, da lebten sie gerne in diesem Wetterleuchten, in diesem leisen Blitzen drinnen. Da flogen sie herum, und sie waren sogar geeignet, so etwas wie eine elektrische Ausströmung um sich zu verbreiten und weiter auf die Erde herunterzuschicken. Sodass dabei, hätte ein Mensch da unten sein können, er sogar wahrgenommen hätte an diesen elektrischen Ausstrahlungen: da ist wiederum so ein Vogelschwarm oben. Es waren kleine Drachenvögel, welche elektrische Ausstrahlungen um sich verbreiteten und eigentlich in der Feuerluft da drinnen ihr Dasein hatten.

Sehen Sie, diese Vögel, diese Drachenvögel, die da waren, die waren wirklich ganz ausgezeichnet fein organisiert. Ganz ausgezeichnet feine Sinne hatten sie. Die Adler, die Geier, die aus ihnen später entstanden sind, nachdem sich diese Kerle da umgewandelt haben, die Adler und die Geier, die haben sich von dem, was diese alten Kerle da hatten, nur die starken Augen bewahrt. Aber diese Kerle spürten alles, namentlich mit ihren fledermausartigen Flügeln, die furchtbar empfindlich waren, fast so empfindlich wie unsere Augen. Mit diesen Flügeln konnten sie wahrnehmen; da verspürten sie alles, was da vorging. Wenn also zum Beispiel der Mond schien, da hatten sie ein solches Wohlgefühl in ihren Flügeln, bewegten sie die Flügel; so wie der Hund, wenn er Freude hat, mit dem Schwanz wedelt, so bewegten diese Kerle da die Flügel. Wohlig war es ihnen im Mondschein. Da zogen sie so herum, und da gefiel es ihnen ganz besonders, so kleine Feuerwolken um sich zu machen, wie es sich heute nur die Leuchtkäferchen im Grase bewahrt haben. Wenn der Mond schien, so waren die da oben wie leuchtende Wolken. Und wenn es dazumal Menschen gegeben hätte, hätte man solche Schwärme von leuchtenden Kugeln und leuchtenden Wölkchen da oben gesehen.

Und wenn die Sonne schien – ja, damals war es so, dass ihnen dann die Lust vergangen ist, um sich Leuchtkörper zu verbreiten! Da haben sie sich mehr in sich zusammengezogen, und da haben sie dann eigentlich dasjenige, was sie so aus der Luft aufgenommen haben – es waren in der Luft noch alle die Stoffe aufgelöst, die sie aufsogen –, verarbeitet. Sie ernährten sich durch Aufsaugen. Das

haben sie dann verdaut in der Sonne. Das waren eben merkwürdige Kerle. Und die waren einmal wirklich in der Feuerluft der Erde vorhanden. [...]
Das war so der Zustand, wie es auf der Erde einmal ausgesehen hat, wie da unten die Plesiosaurier ein faules Leben führten, wie die Ichthyosaurier auf der Erde herumschwammen und flogen – denn die Tiere mit den Flossen konnten auch ganz niedrig fliegen – und darüber diese in der Dämmerung und im Mond immer aufglänzenden Leuchtewolken, die eigentlich Drachenvögelsterne waren. So also schaute es aus.»[34]

Wie können wir mit solchen Darstellungen Rudolf Steiners zur Evolution der Vögel umgehen? Wie können wir hierzu in ein Verhältnis kommen, das uns zu einer eigenen, erkenntnismethodisch begründeten Urteils- und Einsichtsfähigkeit gelangen lässt? Hierzu im Folgenden einige essayistische Betrachtungen.

Wahrnehmen heißt «realisieren»

Wir nehmen wahr, wir realisieren. «Realisieren» meint verwirklichen – meint nicht, vorhandene Gegenstände entgegenzunehmen, sondern im Gegenteil, ihnen erst zu ihrer sinnlichen Wirklichkeit zu verhelfen. Indem etwas sinnliche Wirklichkeit erhält, anerkennen wir es als existent, nehmen wir es «für wahr».

Dass die sinnliche Welt in diesem Sinne wirklichkeitsrelevant wurde, das ergab sich in der Bewusstseinsgeschichte der Menschheit grob skizziert erst im klassischen Griechenland.[35] Man sprach von «aisthesis», was so viel bedeutet wie «für die Sinne wahrnehmbar». Das war neu! Denn in der vorhergehenden Menschheitsgeschichte spielte die Sinneswahrnehmung gegenüber dem damals – salopp gesagt – noch eher alltäglichen Verkehr mit der übersinnlichen Welt der Götter nur eine untergeordnete Rolle.

Der Einstieg in die Sinneswelt war aber auch ein Anfang vom Ende; denn er leitete die völlige Abkoppelung der Menschen von der Welt des Übersinnlichen ein – was schließlich in den heute so dominierenden Materialismus mündete.

Heute nun die Sinne erneut als produktive, Wirklichkeit hervorbringende Organe auffassen zu lernen, in einem modernen Sinne ihre «Ästhetik» wiederzuentdecken, sie also als sinnliche Verkünder einer übersinnlichen Welt durchschauen zu lernen, das bedeutet den Ausstieg aus der Sackgasse des Materialismus. In Wahrheit sind wir auch heute noch im Sinnesleben mit der seelisch-geistigen Welt außerhalb von uns verbunden, die sich durch den Spiegelungsapparat der Sinne offenbart.

«Ich lebe mit der Farbe außer meinem Leibe; durch die Tätigkeit des Leibes [...] wird mir die Farbe zur bewussten Wahrnehmung gemacht. Nicht ein Hervorbringer der Wahrnehmungen, des Seelischen überhaupt, ist der Menschenleib, sondern ein Spiegelungsapparat dessen, was außerhalb des Leibes seelisch-geistig sich abspielt.»[36]

Das hat Konsequenzen, auch für die Vorstellungen über das, was wir gemeinhin Evolution nennen – Konsequenzen für *Zeit* und *Ort* des Evolutionsgeschehens.

Zeit

Wahrnehmen ist als ein produktiver Akt etwas hoch Aktuelles. In jedem Moment verwirklicht sich durch unsere Sinne Welt. Mit jeder Wahrnehmung tritt etwas Übersinnliches ins Sinnliche ein. Jeden Moment gebiert sich Welt durch unsere Sinnesorganisation. Damit ist das sinnliche Ereignis «Welt» nicht ein räumliches, sondern ein zeitliches – immer jetzt, momentan, gegenwärtig.[37] Sinnlichkeit bedeutet unabdingbar Gegenwärtigkeit. Und Vergangenes ist schon wieder nicht mehr gegenwärtig – denn es ist ja sinnlich nicht mehr wahrnehmbar.
Von der Zukunft sind wir diese Unfassbarkeit gewohnt. Sie kommt aus einem Unsichtbaren, Unvorhersehbaren

auf uns zu. Die Vergangenheit indes scheint uns fassbar, einsehbar, ja archäologisch-akribisch wiederentdeckbar. Ohne zu überlegen, tragen wir unachtsam an die Auffassung des Vergangenen – im Gegensatz zum Zukünftigen – unser räumliches Vorstellungsvermögen heran, so als würden wir einen ausgerollten Teppich der Geschichte hinter uns zurücklassen. Als sei die Vergangenheit dauerhaft sinnlich gegenwärtig (welch ein Widerspruch in sich!) und ihre Vergänglichkeit Folge bloß physischer Veränderungen nach dem Vorbild von Erosionsprozessen. – Dabei hätten wir allen Grund zu zweifeln. In Wahrheit nämlich ist jeder Moment hoch vergänglich, und alles was sich in der Gegenwart als Zeugnis einer Vergangenheit zeigt, ist bereits Metamorphose vergangener Gegenwärtigkeiten. Was ich heute noch von meiner Kindheit wieder aufsuchen kann, das ist nicht mehr in der damaligen Form sinnlich zu vergegenwärtigen. Es erscheint mir heute in einer Form, die mir sagt: «Das war einmal.» Was uns heute als Versteinerung eines Dinosaurier-Fußstapfens begegnet, das ist in *dieser Form* gegenwärtig wahrnehmbar, versinnlicht sich jetzt, heute auf diese Weise, und trägt zugleich ein «Es war einmal» an mich heran, dessen eigene Wirklichkeit ich allein nichtsinnlich – bildhaft – aufbauen und erfahren kann.

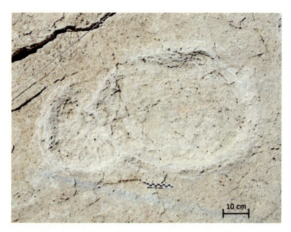

Dinosaurier-Fußabdruck: Es war einmal ...
(Spur eines pflanzenfressenden Dinosauriers Sauropoda indet.,
Vorder- und Hinterfußabdruck, Courtedoux-Sur Combe Ronde,
152 Millionen Jahre, Kimmeridge, Späte Jurazeit.
www.palaeojura.ch/d/funde/sites/12sauropoda.html)

Dieses «Es war einmal» liegt der Gegenwart an – wie eine fortdauernd vorhandene Schicht. Hier also ist die Dauerhaftigkeit der Vergangenheit zu finden, als eine übersinnliche Schicht über dem Sinnlichen – ein «Ge-Schichte», das es sich zu Bewusstsein zu bringen gilt.[38] Diese Konstitution dessen, was wir als «Vergangenheit» bezeichnen, übersehen wir nur allzu leicht. Will man aber Vergangenheit aktualisieren, gilt es sie – an der gegenwärtigen

Sinneserfahrung – als ein innerseelisches aufglänzendes Erlebnis aufzusuchen. Eine solche Geschichts-Erfahrung kennt man von Wieder-Entdeckungen: was ehemals verborgen war, tritt wieder ans Tageslicht. Man denke an die vielen Wandmalereien, die – überputzt zum Schutz vor Bilderstürmerei – in Vergessenheit geraten waren. Im Moment ihrer Wiederentdeckung erscheint – oft nur für kurze Zeit – ihre damalige Gegenwart wie zum Greifen nah,[39] entzieht sich dann aber durch unseren allgemein dafür unachtsamen Blick mehr oder weniger schnell, beginnt zu verlöschen.

Kurz: Vergangenheit liegt der Gegenwart wie in Schichten auf – vertikal, nicht horizontal wie mit der gewöhnlichen Zeitvorstellung verbunden. Und diese Vertikalität offenbart sich nicht als eine bloße Aufeinanderfolge von Ereignissen, sondern als eine Art Hierarchie inhaltlich voneinander abhängiger, metamorphotisch verbundener Stufen:

«Aber nur einer ganz verfehlten Auffassung des Zeitbegriffes verdankt der Begriff der Materie seine Entstehung. Man glaubt die Welt zum wesenlosen Schein zu verflüchtigen, wenn man der veränderlichen Summe der Geschehnisse nicht ein in der Zeit Beharrendes, ein Unveränderliches untergelegt dächte, das bleibt, während seine Bestimmungen wechseln. Aber die Zeit ist ja nicht

ein Gefäß, in dem die Veränderungen sich abspielen; sie ist nicht vor den Dingen und außerhalb derselben da. Die Zeit ist der sinnenfällige Ausdruck für den Umstand, dass die Tatsachen ihrem Inhalte nach voneinander in einer Folge abhängig sind. [...] Das sinnenfällige Weltbild ist die Summe sich metamorphosierender Wahrnehmungsinhalte ohne eine zugrunde liegende Materie.»[40]

Dem ist nichts mehr hinzuzufügen.

Ort

Und was sind die Konsequenzen für den *Ort* des Geschehens? Beginnen wir wieder beim «Realisieren». Das vollzieht jeder für sich, mit seiner subjektiven Organisation. Welt kommt durch das realisierende Subjekt in Erscheinung. Und sein Inneres – wir wiesen bereits im Kapitel I darauf hin – ist das Innere der Natur.

«So tritt das Wesen eines Dinges nur dann zutage, wenn dasselbe in Beziehung zum Menschen gebracht wird. Denn nur im Letzteren erscheint für jedes Ding das Wesen. [...] Wir müssen die Dinge durch diese Brille [der Subjektivität] betrachten, wenn wir zu ihrem Wesen kommen wollen.»[41]

Alles, was zum Beispiel als räumlich rings um uns herum ausgebreitete Landschaft wie für alle, objektiv, gegenständlich gegeben zu sein scheint, ist bereits Ergebnis einer Verständigung, einer Kommunikation zwischen menschlichen Subjekten. Man denke nur einmal daran, durch welch unterschiedliche Welten ein Botaniker und ein Ornithologe gehen, und wie sehr sie ihre jeweilige Welt durch die Sicht des anderen erweitern können.
Kurz: Evolution stellt sich mit ihrer jeweiligen Gegenwärtigkeit *im einzelnen Menschen* dar. In diese Gegenwärtigkeit hinein stellt sie metamorphosierte Bilder früherer Gegenwärtigkeiten zur Verfügung. Diese «Symptome» sind Anlass, im eigenen inneren Erleben in die Vergangenheitsschichten, die über der Gegenwart liegen, vorzudringen. Damit hat Evolution keinen äußeren, von mir losgelösten, sondern einen inneren Ort, der mit einem sinnlichen Symptom verbunden ist. Um sie zu begreifen, muss die Beobachtung auf die eigenen seelisch-geistigen Erlebnisse umgelenkt werden, die sich anhand der Symptome ergeben. Beispielsweise erlebt man ja oft geologische Gebirgsformationen als flüssig. Das, was man heute als Form sieht, das fließt jetzt, aktuell nicht mehr. Aber an den Formen erleben wir ein Flüssiges, das uns von einem «Es war einmal» erzählt etwa so wie bei einem fest gewordenen Marmorkuchenteig. Im inneren, nichtsinnlichen Erleben finden wir so Vergangenes.[42]

Im Hinblick auf ihre Entstehung
flüssig anmutende Gesteinsfaltung
(Aplitische Gänge [Aplit = sehr feinkörniger Granit mit viel Quarz
und Kalifeldspat und wenig Glimmer], die in einem Biotitgneis
[dunkel] intrudiert und anschließend verfaltet worden sind.
Österreichische Alpen, oberstes «Krimmler Achental»;
Photo: Claudio Rosenberg)

«Denn, was einmal vorgegangen ist, das vollzieht sich noch heute fortwährend. Was in der Saturnzeit sich abgespielt hat, das ist nicht bloß dazumal gewesen, son-

dern das geht heute noch vor, nur wird es überdeckt, unsichtbar gemacht durch das, was heute äußerlich um den Menschen auf dem physischen Plan ist.»[43]

Die Frage nach dem Ursprung ist die Frage nach dem Wesen

Nach den vorhergehenden Betrachtungen stellt sich allmählich heraus, dass die Frage nach dem Wesen eines Organismus immer auch die Frage danach ist, wo er in unserer geschichteten Innenwelt urständet. Die Frage nach der Herkunft ist damit nicht eine nach einer in Zahlen darstellbaren Chronologie, sondern eine nach einer qualitativen Geschichtserfassung. Die Betrachtung der Herkunft ist damit zugleich ein Beitrag zur Wesenscharakteristik: Es ist doch auch ein Unterschied im Erleben, ob ein Wesen auf dem alten Saturn oder dem alten Mond urständet.

Vor diesem Hintergrund scheint es nachvollziehbar, wenn Rudolf Steiner den Vogel als ein evolutionär sehr altes Wesen beschreibt, das in der Spätphase des alten Saturn beziehungsweise in der frühen Phase der alten Sonne entstanden ist. Dieser Hinweis Rudolf Steiners ist zugleich auch eine Wesensbeschreibung des Vogels. Wenn man so will, schauen wir – symptomatisch betrachtend

– angesichts eines Adlers bis zur alten Sonne, ja bis zum alten Saturn hindurch. Angesichts des Adlers können wir (wenn vielleicht auch erst ahnend) die Qualität der alten Sonne, des alten Saturn aufsteigen erleben.

Der Vogel fiebert – erhöhte Temperatur

Ein erster Schritt hierzu ist es, Phänomene des Vogellebens entsprechend dieser Sichtweise neu sehen zu lernen. So macht es ja Rudolf Steiner etwa, wenn er die lufterfüllten Knochen der Vögel mit dem neu gewonnenen Luftzustand auf der alten Sonne in Verbindung bringt, wie in den eingangs dieses Kapitels gebrachten Zitaten zu lesen. Rudolf Steiner betont an anderer Stelle aber auch, dass der Vogel primär ein Wärmewesen sei, also insofern mit dem Saturn in Verbindung zu bringen sei:

«Der Vogel fliegt in der Luft, aber sein Element ist eigentlich die Wärme, die verschiedenen Wärmedifferenzen in der Luft, und er überwindet in einem gewissen Grade die Luft. Der Vogel ist ja auch innerlich ein Luftwesen. Im hohen Grade ist er ein Luftwesen. Sehen Sie sich einmal die Knochen der Säugetiere, die Knochen des Menschen an: sie sind von Mark erfüllt. Wir werden davon noch sprechen, warum sie von Mark erfüllt sind.

Die Vogelknochen sind hohl und nur mit Luft ausgefüllt. Wir bestehen also, insofern das in Betracht kommt, was innerhalb unserer Knochen ist, aus Markmäßigem, der Vogel besteht aus Luft, und sein Markmäßiges ist reine Luft. Wenn Sie die Vogellungen nehmen, so finden Sie in dieser Vogellunge eine ganze Menge von Säcken, die ausgehen von der Lunge; das sind Luftsäcke. Wenn der Vogel einatmet, dann atmet er nicht nur in die Lunge ein, sondern er atmet in diese Luftsäcke die Luft hinein, und von den Luftsäcken geht es in die hohlen Knochen. Sodass, wenn man alles Fleisch und alle Federn von dem Vogel loslösen und die Knochen wegnehmen könnte, so würde man noch ein aus Luft bestehendes Tier bekommen, das die Form hätte der inneren Lungenausfüllung und auch der inneren Ausfüllung aller Knochen. Sie hätten, wenn man es in der Form vorstellt, ganz die Form des Vogels. Im Fleisch- und Beinadler sitzt ein Luftadler drinnen. Das ist nun nicht bloß aus dem Grunde, dass da noch ein Luftadler drinnen ist, sondern nun atmet der Vogel; durch die Atmung erzeugt er Wärme. Diese Wärme, die teilt er seiner Luft mit, die er nun in alle seine Gliedmaßen presst. Da entsteht der Wärmeunterschied gegenüber der äußeren Umgebung. Da hat er seine Innenwärme, da hat er die äußere Wärme. In diesem Niveauunterschiede zwischen der äußeren Wärme der Luft und der Wärme, die er seiner eigenen Luft drinnen gibt, in diesem Niveauunterschiede, also in einem Niveauunterschiede innerhalb der Wärme, des Wärmeelementes lebt eigentlich der Vogel.»[44]

Blickt man auf die Luftorganisation des Vogels, schaut man ihrem Ursprung und Wesen nach bis zur alten Sonne.
Schaut man auf die Wärmeorganisation des Vogels, so schaut man bis zum alten Saturn. Ziehen wir hierzu einige weitere Aspekte der Vogelbiologie heran: Mit einer Körperkerntemperatur (in Ruhe, nüchtern und in thermischer Neutralität) von 38 bis 40 Grad Celsius liegt der Vogel um 2 bis 5 Grad Celsius höher als die Säugetiere. Der Haussperling – als Beispiel – kann sogar Aktivitätswerte von 42 bis 43 Grad erreichen. Und von der schnellen Darmpassage der Nahrung weiß der fiebrige Zustand als auch jeder Stubenvogel-Besitzer ein Lied zu singen. – Auf diese Weise kommen wir abermals zur Wesensverwandtschaft von Vogel und Kopf. Denn wenn wir fiebern, so werden unsere Beine kalt und unser Kopf heiß, ja er «dröhnt». Wir steigen mit der Fieber-Wärme in unseren Kopf auf. Man ist regelrecht nicht mehr ganz mit beiden Beinen auf der Erde. Doch, was bei uns Krankheit (mindestens!) wäre, ist beim Vogel Beruf – Beruf seit alters her.

Exakte Phantasie statt «phantasy»

Mit den beiden beschriebenen Erlebnissen – sowohl eine Art «Es war einmal» zu bemerken als auch ein Aufglänzen eines überm Sinnlichen anwesenden Vergangenen zu entdecken – haben wir ansatzweise so etwas kennengelernt wie ein Ins-Bewusstsein-Heben sonst verborgener Wirklichkeitsschichten. Anlässlich der äußeren Sinneserfahrung tauchen in uns seelisch-geistige Erlebnisse auf. Ähnliche Erfahrungen lassen sich beim Lesen der Evolutionsdarstellungen Rudolf Steiners beobachten. Oft erscheinen diese geradezu «phantastisch». Jedoch sei die etwas rhetorisch gemeinte Frage erlaubt: Sind sie Ergebnisse einer «laufengelassenen» Phantasie – «phantasy» – oder Resultat einer *exakten* Phantasie, die in treffenden Bildern – im obigen Sinne symptomatisch – auf innere Erlebnisschichten beziehungsweise Evolutionsetappen verweist?

So «phantastisch» uns auch diese Mitteilungen Rudolf Steiners aus der Welt des «Es war einmal» erscheinen, so tief und lang nachklingend berühren sie uns doch immer wieder. So etwa, wenn Rudolf Steiner als Vorfahren der heutigen Vögel «Drachenvögel» schildert, die bei Freude Funken sprühen. Unvermeidlich glänzt da etwas in unserer Seele auf, knüpft an, erlebt darin etwas an *Wahrheit*. Ein Erlebnis, das zwischen Erinnerung und wunschge-

tragener Sehnsucht zu liegen scheint: «Das *kenne* ich irgendwie, so etwa muss es gewesen sein.»
Wahrheitsgefühl und Wiedererkennen – zwei Elemente der Evolutionserkenntnis, die es lohnt noch einmal getrennt zu betrachten.

Wahrheitsgefühl

Worauf beruht dieses Wahrheitsgefühl gegenüber den Evolutions-Schilderungen Rudolf Steiners? Sobald wir beginnen, die Darstellungen mit heutigen Maßstäben, gegenständlich aufzufassen, bemerken wir, dass wir aus dem Fahrwasser des Wahrheitsempfindens herauszudriften beginnen. Sobald wir aber auf das *Erlebnis* achten, das sich anhand der von Rudolf Steiner gewählten *bildhaften* Darstellungen ergibt, die Bilder als Hinweis auf ein Vergangenes betrachten, dann verbleiben wir im Bereich der Wahrheit.

«[...] man kann ins Geistige nur hineinführen durch Bilder. Und sobald man die Bilder gar zu sehr in Begriffe presst, die eigentlich nur taugen für den physischen Plan, so enthalten sie nicht mehr dasjenige, was sie eigentlich enthalten sollen.»[45]

Wiederkennen

Manchmal geht es einem so, dass man von einem Menschen, den man zum ersten Mal sieht, spontan den Eindruck hat: «Den kenne ich doch irgendwoher! Der kommt mir doch sehr bekannt vor!» – Nur: Woher kennt man ihn, wenn man ihn doch vorher noch nie gesehen hatte? Rudolf Steiner beschreibt – bildhaft! –, dass wir in der Zeit zwischen dem Tod und einer neuen Geburt daran beteiligt sind, das Antlitz des anderen Menschen zu plastizieren.[46] Aus unseren Erfahrungen von einem vorhergehenden Leben mit ihm setzen wir ihn im Vorgeburtlichen aus unserem Seelisch-Geistigen heraus, so wie wir auch im Leben ein Kunstwerk aus uns heraussetzen. Und gewollt oder nicht, fühlen wir uns mit unseren Produktionen meist doch recht eng verbunden. Das Produkt hat etwas mit uns zu tun, sodass es uns beim Wiedersehen doch irgendwie bekannt vorkommen sollte.

Dieses «Heraussetzen» aus uns ist auch ein zentrales Motiv im Evolutionsverständnis Rudolf Steiners: Im Laufe der planetarischen Entwicklungen haben wir nach und nach die heute auf der Erde erlebbaren Tierarten herausgesetzt.

Unsere heute immer noch darwinistisch geprägte Evolutionsauffassung geht davon aus, dass eine Art aus der anderen hervorgeht, aufsteigend von den primitiven zu den höherstehenden Formen. Am Ende erst steht der Mensch. Allerdings müssen wir bei näherer Besinnung zugeben, dass das so eigentlich nicht sein kann. Denn sicher verwandelt sich kein Affe in einen Menschen, genauso wenig, wie ein fertiges Blatt einer Pflanzenblattreihe sich in das nächstfolgende Blatt verwandeln kann. Das fertige Blatt ist eben fertig. Genauso sind auch die lebenden und fossilen Organismen abgeschlossene, unverwandelbare Bildungen. Die Verwandlung, der Übergang von einer Art zur anderen findet demnach keineswegs im Sinnlichen mit oder an den herausgesetzten Formen statt. – Wie aber ist dann stattdessen der Abstammungs-Gedanke zu fassen? Wohl so, dass man auch hier die sinnlich auffindbaren Formen nach ihrem «Ge-Schichte» befragt. So kann etwa von der *universell tauglichen, allgemeinen* Menschenhand – und das liegt sprichwörtlich «auf der Hand» – der *spezialisierte* Vorderhuf des Pferdes abgeleitet werden. Nicht aber umgekehrt! Damit liegt die Frage nach der Abstammung im Aspekt des Auseinander-Ableitens begründet: Was lässt sich von was ableiten? Das aber ist ein übersinnlicher, vom Formenerleben getragener Denk-Prozess. Allen sinnlich vorfindbaren Formen ist ein übersinnlicher Ausgangspunkt voranzustellen, der Quellpunkt für die verschiedensten Organismen ist, aus dem sie sich ihrerseits ableiten lassen. Am Beginn steht ein Menschliches (wie wir am Beispiel der Menschenhand sehen können), das aus sich die Formenvielfalt der Lebewelt herausgesetzt hat, so weit, dass er schließlich selbst als sinnliches Ebenbild seines Urbildes auf Erden, als Gegenwart erscheinen kann.[47] – Der Mensch als das Alpha und Omega … auch für die Vogelwelt.

Kapitel V:
DIE VOGELFEDER – EINE BILDUNG AUS DEM UMKREIS

Der Vogel – federleicht

Man sieht ein Wesen, eingehüllt in ein Federkleid. Selten bekommt man es zu fassen. Gönnt es das Schicksal einem dennoch, einen Vogel in der Hand zu halten, dann fasst man zunächst in ein Büschel von eigenartig totem Material, von Ab-, von Herausgesetztem. Man fasst nicht die warm behaarte, mit Daseinswillen durchwärmte und durchspürte, die Welt fühlend erfahrende Oberfläche einer Katze oder auch einer Kuh. Man bemerkt, dass das Seelisch-Lebendige beim Vogel ausgesprochen wenig körperlich, tastbar zutage tritt.

Man greift also in Federn hinein, in etwas, worin das Wesen nur «indirekt» lebt. Man müsste die Federn wegrupfen, um in entsprechender Weise an den Vogel heranzukommen, wie man das beim Berühren eines Säugetieres gewohnt ist. Nur dann bleibt einfach kein Vogel mehr übrig: Ein nacktes klägliches Tiergestell, verlassen von seinem ihn erst vollständig machenden Kleideswesen.

Der Vogel lebt sich stark in dem aus, was wir Federbildung nennen. Hat man aber den Vogel wirklich einmal gefangen, dann merkt man, wie einem dabei gerade dieser Federvogel entschwindet. – Denn: Den Vogel erleben wir dann am vollständigsten, wenn er nicht ergriffen ist, frei! Das Federkleid ist primär nicht darauf angelegt, sich durch Berührung oder durchs Betasten zu verwirklichen. Das Federige, Vogelige ist eigentlich nicht greifbar, wohl aber stellt es sich in Farbe, Muster und Ordnung zur Schau.

Das Federige stellt sich auch als nahezu unwägbar dar, als imponderabel: Lassen Sie einmal ein Kreidestück fallen – und anschließend eine Feder! Dem Spatz gehören etwa 3500 Federn, die aber in ihrer Summe nur zwei Gramm wiegen.[48] Beim Zwergschwan wurden gar über 25 000 Konturfedern gezählt.[49] – Eigentlich doch unzähl- und unwägbar, besser: unfassbar!

Und die leichtesten Vögel Mitteleuropas, die Goldhähnchen, wiegen ganze fünf Gramm – federleicht! Dabei daran zu denken, dass darin auch Herz, Magen, Leber, Nieren etc. enthalten sein sollen, das erscheint schier unvorstellbar!

Sonnenimpulse zaubern das Gefieder aus dem Vogel

Wie sich bereits im Kapitel II über den «Vogel als Bürger zweier Welten» andeutete, scheint die Feder wie vom Umkreis in den Vogelleib hineingebildet. Indem sie dies ist, entspricht sie ganz dem, was der Mensch in seinem Gedankenleben kennt. Damit kommen wir auch wieder auf das Bild zurück, dass der Vogel im Ganzen eigentlich ein Kopf ist.

«Schauen wir uns einmal den Vogel in den Lüften, sagen wir, den majestätisch dahinfliegenden Adler an, dem gewissermaßen wie ein äußeres Gnadengeschenk die Sonnenstrahlen mit ihrer Wirkung sein Gefieder gegeben haben [...]; schauen wir uns diesen Adler an, wie er in den Lüften fliegt. Da wirken auf ihn gewisse Kräfte. Die Sonne hat nicht nur jene physischen Licht- und Wärmekräfte, von denen wir gewöhnlich sprechen. Ich habe Sie aufmerksam gemacht damals, als ich über die Druidenmysterien sprach, dass von der Sonne auch geistige Kräfte ausgehen. Auf diese geistigen Kräfte müssen wir hinschauen. Sie sind es, welche den verschiedenen Vogelgeschlechtern ihre Vielfarbigkeit, die besondere Gestaltung ihres Gefieders geben. Wir begreifen, wenn wir dasjenige, was die Sonnenwirkungen sind, geistig

durchschauen, warum der Adler gerade sein Gefieder hat.
Dann, wenn wir uns so richtig versenken in diese Adlernatur, wenn wir verstehen, inneres künstlerisches Naturverständnis zu entwickeln, welches das Geistige mitenthält, wenn wir hinschauen können, wie künstlerisch herausgebildet wird aus den Sonnenimpulsen, die verstärkt sind durch andere Impulse [...], wenn wir das sehen, wie gleichsam diese Sonnenimpulse hinfluten über den Adler, schon bevor er aus dem Ei gekrochen ist, wie sie das Gefieder herauszaubern oder eigentlich, besser gesagt, hineinzaubern in seine Fleischesgestalt, und uns dann fragen: Was bedeutet denn das für den Menschen? – Ja, das bedeutet für den Menschen dasjenige, was sein Gehirn zum Träger der Gedanken macht.»[50]

Federfarben – Taten und Leiden des Lichts

Die Feder ist – dem vorangehenden Zitat Rudolf Steiners folgend – eine Bildung der «sonnendurchglänzten Luft» als Resultat einer farb- und mustergestaltenden Tätigkeit von Sonnenlichtwesen – und das noch «bevor der Vogel aus dem Ei gekrochen ist».

Ein aufgefächerter Vogelflügel ruft nicht zuletzt wegen der dabei sichtbar werdenden, teils gestalt- bis antlitz-

Beispiele von Flügelmustern mit antlitzartiger Anmutung:
Links: Eichelhäher. Rechts: Kernbeißer

haften Farbmuster oft ein verstummendes Erstaunen hervor. Nicht zu vergessen als Musterbeispiel die «Augen» auf dem Fächer des Pfauenschwanzes.
Betrachtet man die einzelne Feder, die an der Bildung solcher Muster beteiligt ist, so findet sich, dass nur ihre beim Auffächern sichtbaren, also unverdeckten Partien gefärbt sind. Jede Feder trägt also ihren Teil zum Gesamtmuster bei, ist ihrem Platz gemäß, individuell gefärbt.
Nun könnte man meinen, das direkte Sonnenlicht würde das Muster hervorlocken, eben nur auf den unverdeckten Federpartien, so wie sich bei der menschlichen Haut ja auch nur die freien Partien im Sonnenschein bräunen. Aber die Sache verhält sich anders. Einerseits ist ja die Feder eine fertige, abgeschlossene, tote Gestal-

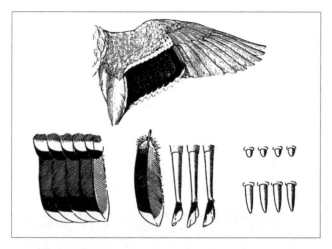

Jede einzelne Feder ist nur insoweit gefärbt, als sie bei der
Auffächerung des Flügels zum Gesamtmuster beiträgt. Die
federspezifische Färbung findet noch in der Federpapille statt,
noch bevor das Gesamtmuster ans Tageslicht getreten ist
(Aus Adolf Portmann: Einführung in die vergleichende
Morphologie der Wirbeltiere, Basel 1976)

tung, die allein durch Abnutzung weiteren Veränderungen unterliegen kann (wie etwa die Wandlung vom tupfigen Winter- und Frühlingskleid des «Perlenstares» zum schillernden Gefieder des eher einheitlich dunkel wirkenden «Sommerstares»). Eine zusätzliche Pigmenteinlagerung kann also nicht mehr stattfinden. Aber, und das ist entscheidend, die Federn sind tatsächlich – noch bevor sie überhaupt aus ihren Hornscheiden ans Tageslicht treten – von Beginn an bereits in Abstimmung mit dem Gesamtmuster des Flügels gefärbt. Ein über alle Federn übergeordnetes Ordnungsmuster ist noch vor ihrem Erscheinen, noch in ihrer Bildungsphase wirksam. Eine Wirksamkeit, die Form und Farbe hervorruft. Farbe als Taten und Leiden des Lichtes, wie es Johann Wolfgang von Goethe formulierte. Wir sind bei einer verborgenen, bildsamen Wirksamkeit des Lichtes angelangt, bei einer geistigen, gestaltenden Kraft des Lichtes.

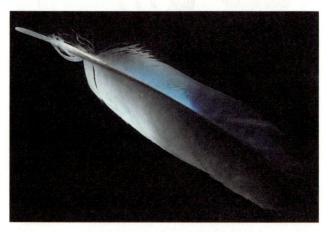

Schillernde Feder einer Blauracke

In den teils atemberaubenden Schillerfarben von Vogelfedern – etwa im Königsblau des Pfauenhalses, im Grün-Violett-Schimmern beim Prachtkleid vom Stockentenerpel, im tiefen Violett-Blau der Rabenkrähe oder auch im Himmelsblau einer Blauracken-Feder – kann die farbenhervorlockende Wirkung des Lichtes auch offenbar, das ist in der aktuellen Tat, beobachtet werden: Schillerfarben sind keine Pigmentfarben (die ja das dauerhafte, arteigene Flügelmuster bilden), sondern Strukturfarben, die sich allein im Zusammenspiel der Federstruktur mit dem aktuellen Lichteinfall ergeben.[51] Dadurch kann sich der Vogel aktuell von einer Farbstimmung umwölken lassen.

«Wenn wir hier die Erde haben, dann haben wir hier die heiße Zone. Auf die heiße Zone wirken besonders die Sonnenstrahlen. – Oh, das ist sehr schön, wie da die Sonnenstrahlen wirken! Diese Sonnenstrahlen, die regen die Lebertätigkeit an. Die Leber schickt überall die Galle hinein, und die Galle breitet sich im ganzen Körper aus. Und wenn sich die Galle zum Beispiel in die Federn der Vögel oder in die Flügel der Kolibris hinein ausbreitet, da wird sie zu den schönen Farben. Daher glitzern die Kolibris in der heißen Zone, weil ihre Galle sehr schnell abgesondert wird und sehr schnell in die Federn geht. In kalten Gegenden, da ist das nicht so, da hat die Sonne

wenig Kraft. Da ist dafür das zurückgeworfene Sonnenlicht, das Licht des Mondes besonders tätig, und dieses Licht bewirkt, dass der Schnee sich zu Kristallen bildet, dass das Eis die Eisblumen gibt. Bei uns entsteht das nur, wenn eben im Winter die Sonne an Kraft verliert.»[52]

Die Feder – ein wunderbares Gebilde aus dem Umkreis[53]

In diesem Abschnitt wird eine bildhafte Betrachtung zum Bau der Vogelfeder versucht. Die Feder wird als «Erscheinung» eines Geistig-Seelischen betrachtet, *«denn alles, was geistig ist, ist auch im Bilde in der Welt vorhanden»*.[54]

Die Feder selbst legt uns eine bildhafte Betrachtungsweise nahe, tritt sie doch keineswegs als Körperliches in die Welt des Raumes. Vielmehr bleibt sie dem Flächenhaften, dem Bildhaften verbunden. Dabei tritt sie allerdings aus einer Vielheit zusammengesetzt auf, und ebenso der Vogelflügel (der Fledermausflügel dagegen besteht ja sozusagen aus einem «geschlossenen Stück» Haut).

Im Betrachten einer Federfahne kann man zu der Formulierung kommen: «Viele *Strahlen* sitzen an einem zentralen Schaft.»[55] Mit dem Wort *Strahl* ist ein Erlebnis verbunden. Ein Erlebnis bezieht sich immer auf eine Aktivität: Im Erleben wird das «tote Werk» *Strahl* zu einer Tätigkeit, zum «Strahlen».
Die Strahlen der Feder sammeln sich nicht punktuell, sondern *linear*.

Also nicht so, sondern so.

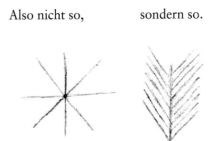

Die Strahlen führen in einem ganz bestimmten *Ordnungs*gefüge auf den Federast zu.

Nicht so, sondern so.

Die Strahlen beziehen sich auf den Federast nicht in chaotischer, sondern in geordneter Weise. In dieser Ordnung liegt zudem eine *Richtung*:

Nicht so, sondern so.

Durch den Bau der Feder wird also der Umkreis auf einen bestimmten Punkt hin gesammelt, dorthin, wo die Feder in die Haut des Vogels hineinmündet. Das kann auch dadurch erlebt werden, dass man die Feder an der Spitze des Federschaftes zwischen Daumen und Zeigefinger in der Hand haltend durch die Luft führt: Man merkt, dass an der Feder nun wie von außen ein externer, fremder Wille ansetzt, und derjenige, der die Feder trägt – ob nun Vogel oder Mensch –, breitet sich in den Umkreis aus, erhält von dort eine Ausrichtung, wird von dort getragen. Nicht umsonst beschreibt Ernst-Michael Kranich die Feder als Sinnesorgan für die Bewegungen der Luft.[56]

So betrachtet, mag verständlich sein,
- warum einst die Feder als Schreibwerkzeug, nicht nur bei den Dichtern, so beliebt war,
- welche Bedeutung der Kopfschmuck der Indianer gehabt haben mochte,
- warum die Engel mit gefiederten Schwingen dargestellt werden.

Fassen wir zusammen: Der Bau der Feder ist ein Real-Bild der Fähigkeit oder auch Tätigkeit, sich mit dem Umkreis in Verbindung zu setzen. Jede Feder ist somit eine Art Strahl, mit dem der Umkreis sich auf einen bestimmten Punkt des Vogelleibes konzentriert. Es ist also kein Wunder, wenn Rudolf Steiner die Feder mit dem menschlichen Gedanken und den ganzen Vogel mit der

Hauptesbildung gleichsetzt, ja wenn er die Feder sogar als ein Real-Bild des Ich auffasst.

« Worin lebt das Ich des Menschen? Kann man irgendwie das sehen, worin das Ich des Menschen lebt?
Nun, etwas annähernd kann man es schon sehen in dem, was sich entwickelt in den Federn der Vögel. Der Mensch bekommt keine Federn, aber sein Ich lebt in den Kräften, die in unserer Umgebung sind und die beim Vogel die Richtkräfte für seine Federn sind. Darin lebt das Ich äußerlich. Und wir können diese Richtkräfte noch deutlicher sehen. In den Vogelfedern sehen wir sie gewissermaßen festgehalten durch den Vogelkörper; aber diese Kräfte bilden zu gleicher Zeit die Richtlinien für frei sich bewegende Wesen: das sind die Insekten. Wenn Sie die herumschwirrenden Insekten sehen und sie imaginativ erfassen, dann haben Sie in diesem ein Bild von dem, worin Ihr Ich lebt. Denken Sie sich einmal in Ihrer Umgebung herumschwirrende Insekten: Käfer, Fliegen, schöne Schmetterlinge, hässliche Bremsen und Hummeln und alles mögliche; denken Sie sich das alles, was da in den verschiedensten Richtlinien um Sie herumschwebt: da wird äußerlich sichtbar dasjenige, in dem Ihr Ich tatsächlich drinnen lebt. Und es ist mehr als ein bloßes Bild, wenn man sagt: Da leben hässliche Gedanken, wie Hummeln, wie Bremsen, schöne Gedanken wie Schmet-

terlinge; manches Menschen Gedanken beißen einen wie böse Fliegen und so fort. Nur ist das eine geistig, das andere physisch. Des Menschen Ich lebt eben durchaus in der Umgebung.»[57]

Verfolgt man die Entstehung einer Feder (mit Hilfe mikroskopischer Untersuchungen von Dünnschnitten aus dem Bildegewebe der Vogelhaut), so zeigt sich zum einen, dass die gesamte fertige Feder eine Bildung der Oberhaut ist, die letztlich für die Verhornung, das heißt für das Absterben des Federgebildes sorgt. Die Oberhaut ihrerseits braucht aber eine Bildungsanregung aus der tiefergelegenen, gut durchbluteten Unterhaut. Die Stelle, von der diese Anregung ausgeht, wird Federpapille genannt. Sie liegt zentral in der Tiefe eines von der Oberhaut gebildeten Ringes. An diesem Ring finden sich zwei gegenüberliegende Bildungszentren: Einerseits die Bildestelle für den zentralen Schaft der Feder, andererseits ein Bildungszentrum, von dem aus – man höre und staune – die gesamten Anlagen der Federstrahlen über den Ring wandernd, gleichsam aus dem Umkreis kommend, auf den Schaft zuwandern und sich diesem angliedern.[58] Keineswegs also ein Wachstum wie etwa bei einem Baum! Oder anders: Würde ein Baum so wachsen, würden sich die Äste aus dem Umkreis kommend an seinen Stamm angliedern müssen!

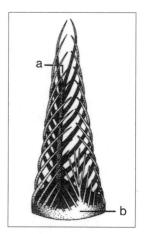

Die «Strahlen» der Feder wandern von einem eigenen
Bildungszentrum (im Schema vorne = b)
wie aus dem Umkreis kommend auf den Federschaft zu
(im Schema hinten = a)
(Aus: Einhard Bezzel, Roland Prinzinger: Ornithologie,
Stuttgart 1990)

*«Die Kräfte, welche sich während der atlantischen Zeit
mit diesen von der Erde ausströmenden Kräften verbanden, kamen nun von außen, gleichsam aus dem Umkreis
herein, sodass während der atlantischen Zeit solche
Kräfte eingriffen, die wir uns von unten nach oben in den
Menschen hineingreifend und gestaltend zu denken haben, und von oben nach unten gehend andere Kräfte in*

den Menschen hereinfließend aus dem Weltenraum [...]
Um uns eine Vorstellung von diesen Kräften zu machen, müssen wir uns fragen: In welchen Wesenheiten auf der Erde wirkten vorzugsweise, unbeirrt durch die anderen Kräfte, diese Kräfte, die also wie aus dem Himmelsraume auf die Erde einströmten? Auch da können wir gewisse Wesenheiten in unserer Umgebung aufzeichnen, von denen wir sagen können: bei ihnen waren die Stierkräfte, die Löwenkräfte, die vom Innern der Erde kommen, möglichst gering wirksam, möglichst schwach wirksam. Dagegen waren bei ihnen fast ausschließlich wirksam die aus dem Weltenraum auf die Erde herunterwirkenden, in die Erdensubstanz einströmenden Kräfte. Diese Wesenheiten sind die dem Vogelreich angehörenden. Und unsere abstrakte Zoologie wird einmal recht sehr staunen müssen, wenn sie sich wird sagen müssen: Ganz anders geartet als bei den Säugetieren sind die Kräfte, die auf das Vogelreich hauptsächlich wirken und im weiteren Sinne auch auf alles dasjenige, was sich fortpflanzt durch nach außen abgelegte Eier. Bei all den Wesenheiten also, wo die Fortpflanzung so geschieht, besonders aber im Vogelreich, wirken im Wesentlichen auf die Gestaltung aus dem Weltenraum hereindringende Strömungen. Diese Kräfte werden esoterisch zusammengefasst unter dem Namen Adler. [...]
Wenn Sie das ganz anders Geartete der Vogelwelt ins

Auge fassen, so werden Sie nicht lange daran zweifeln können, dass die ganze Vogelgestaltung etwas wesentlich anderes ist als die Gestaltung zum Beispiel der Säugetiere. Ich will heute auf die anderen Wesen des Tierreichs nicht eingehen. In der Vogelgestaltung liegt etwas, was auch dem hellseherischen Blick sich in ganz besonderer Weise aufdrängt. Während wir bei den Säugetieren überall, wohin wir hellseherisch blicken mögen, ganz besonders mächtig ausgebildet finden den astralischen Leib, tritt uns hellseherisch in der Vogelwelt als das Hervorstechendste ganz besonders der Ätherleib entgegen. Der Ätherleib, der von außen herein durch die Kräfte des Weltenraumes angeregte Ätherleib, ist es, der die Federn der Vögel zum Beispiel zum Ausdruck bringt, die Feder, das Gefieder. Von außen wird das alles gestaltet, und eine Vogelfeder kann nur dadurch entstehen, dass die Kräfte, welche von dem Weltenraum auf die Erde herunterwirken und mitwirken bei der Ausbildung der Vogelfeder, stärker sind als die Kräfte, die aus der Erde kommen. Dasjenige, was der Feder zugrunde liegt, was man als den Schaft der Feder bezeichnen kann, unterliegt allerdings gewissen Kräften, die aus der Erde kommen. Dann aber sind es die Kräfte, die aus dem Weltenraum wirken, die dasjenige angliedern, was sich an den Schaft der Feder anfügt und was konstituiert das äußere Gefieder des Vogels. Ganz anders ist es bei den mit Haa-

ren bedeckten Wesenheiten. Da wirken bis in die Haare hinein vorzugsweise die Kräfte, die von der Erde nach auswärts, also in der entgegengesetzten Richtung wirken als bei der Vogelfeder. Und weil da nur im geringeren Maße die Kräfte aus dem Weltenraum auf die Haare der Tiere und der Menschen wirken können, so kann das Haar nicht zur Feder werden, wenn ich diesen paradoxen Ausdruck gebrauchen darf. Er entspricht völlig der Wirklichkeit, und man könnte, wenn man die Paradoxie fortsetzen wollte, sagen: Jede Vogelfeder hat die Tendenz, ein Haar zu werden, aber sie ist kein Haar, weil die Kräfte des Weltenraums von allen Seiten auf die Vogelfeder einwirken. Und jedes Haar hat die Tendenz, eine Feder zu werden, und es wird das Haar keine Feder aus dem Grunde, weil die Kräfte, welche von der Erde nach aufwärts wirken, stärker sind als die Kräfte, die von auswärts hereinwirken.«[59]

Wie die Feder – so der Gedanke

Wir merken es einem Gedanken sehr gut an, ob er lebensnah, farbenfroh, schillernd und leuchtend ist. Wir merken es einem im Gespräch geäußerten Gedanken sehr gut an, wie viel Seele in ihm liegt, wie authentisch die Äußerung ist. Ein Real-Bild eines solchen von innerem Atem durchpulsten Gedankens ist die sogenannte Federseele. Sie findet sich dort, wo sich die Feder tief in die Haut des Vogels einsenkt beziehungsweise wo sie von der Haut des Vogels umgeben ist, vom Vogel erspürt wird. Jede Bewegung der Luft wird dem Vogel über die Federseele mitgeteilt. Gerade diese Spitze der Feder ist hohl, luftgefüllt. Wir merken es einem Gedanken auch an, ob er gut gebildet, Stück für Stück vom Bewusstsein durchdrungen ist:

*«Wir sprachen von dem Adler als dem Repräsentanten der Vogelwelt, als demjenigen Tier, das sozusagen zusammenfasst die Eigenschaften und Kräfte der Vogelwelt. Und indem wir den Adler betrachten, betrachten wir eigentlich dasjenige, was im kosmischen Zusammenhange der ganzen Vogelwelt obliegt. […] Ich habe Ihnen davon gesprochen, wie eigentlich der Adler dem Kopf des Menschen entspricht, und wie diejenigen Kräfte, die im Menschenkopf die Gedanken auslösen, bei dem Adler das Gefieder auslösen. Sodass eigentlich in dem Adlergefieder die sonnendurchströmten Luftkräfte, die lichtdurchströmten Luftkräfte wirken. Das schimmert in dem Adlergefieder: die Luftkraft lichtdurchdrungen. […]
Der Adler verdaut wie jeder Vogel oberflächlich. Es wird alles nur angefangen sozusagen, das Verdauungsgeschäft nur angefangen. Und ich möchte sagen, es ist im Adler-*

sein dieses Verdauen, wenn wir auf das Ganze sehen, eigentlich ein Nebengeschäft des Daseins; es wird überall im Adler als ein Nebengeschäft behandelt. Dagegen verläuft gründlich im Adler alles, was auf sein Gefieder verwendet wird. Bei anderen Vögeln ist gerade das noch stärker. Da wird mit ungeheurer Sorgfalt alles in den Federn ausgearbeitet. Und solch eine Vogelfeder ist eigentlich ein wunderbares Gebilde.»[60]

Vom Mausern der Gedanken

Alljährlich mausern die Vögel ihr Gefieder. Sie werfen die abgenutzten Federn ab und lassen sich ein neues Federkleid wachsen – oft sogar mehr als einmal im Jahr. Allerdings nimmt die Neubildung ihre Zeit in Anspruch, sodass der Ausfall einer Feder eine temporäre Lücke im Federkleid hinterlässt. Das kann vielfach so weit gehen, dass die Vögel während ihrer Mauserphase flugunfähig werden.

Wann, wie oft und in welchem Rhythmus das geschieht, das ist von Art zu Art verschieden. Singvögel mausern ihr Gefieder teils im Brut-, teils im Überwinterungsgebiet, teils auch auf dem Rückflug ins südliche Winterquartier. Entenvögel mausern im Spätsommer ins Schlichtkleid, sodass auch die Männchen wie die unauffälligen Weibchen gefärbt sind, um dann aber im Herbst beziehungsweise Frühwinter für die Verpaarung wieder ins Prachtkleid durchzumausern. Mal wird nur das Kleingefieder, mal nur das Großgefieder gewechselt. – Wie dem auch sei, die Vögel werfen ihre Federn ab, jedes Jahr aufs Neue.

Gibt es beim Menschen etwas Vergleichbares? Insofern die Feder das physische Bild des menschlichen Gedankens ist, müssen wir uns auf die Suche nach etwas begeben, was als eine Art «Mausern» der Gedanken beschrieben werden könnte.

Rudolf Steiner äußert sich in diesem Sinne einmal zu den Mitgliedern der Anthroposophischen Gesellschaft im Januar 1923:

«Realitäten entstehen überhaupt niemals durch das, was man schreibt oder druckt, sondern Realitäten entstehen durch dasjenige, was lebt. Und es kann das Geschriebene oder Gedruckte eben nur ein Ausdruck des Lebens sein. Ist es ein Ausdruck des Lebens, dann ist eine Realität vorhanden. Ist aber das Geschriebene und Gedruckte nur Geschriebenes und Gedrucktes, das konventionell in seiner Bedeutung festgelegt wird, dann ist es Kadaver. Denn in dem Momente, wo ich irgendetwas niederschreibe, mausere ich meine Gedanken. Sie wissen, was ‹mausern› heißt; wenn der Vogel seine Federn abwirft, da wird das Tote abgeworfen. Solch ein Mausern ist es,

wenn ich irgendetwas aufschreibe. Heute, da streben eigentlich die Leute nur nach Mausern der Gedanken: sie wollen alles in Aufgeschriebenes verwandeln. Aber so einem Vogel würde es furchtbar schwer, wenn er sich eben gemausert hätte, gleich wieder zu mausern. Wenn irgendjemand anstreben wollte, dass ein Kanarienvogel, der sich eben gemausert hat, gleich wieder sich mausert, dann müsste er die Federn dazu nachmachen. Ja, aber so ist es heute! Weil die Leute überhaupt alles nur im toten Mauserungsprodukt haben wollen, so haben wir es eigentlich nur noch mit nachgemachten Realitäten, nicht mehr mit wirklichen Realitäten zu tun.»[61]

Sicher sind diese Äußerungen Rudolf Steiners mehr als Metapher für die unüberhörbar mitgegebene Kritik gemeint. Und dennoch liegt dieser Metapher eine Wirklichkeit zugrunde: Die Feder als totes Gebilde, festgelegt, herausgesetzt, kann unmittelbar mit der Vorstellung in unserem Gedankenleben verglichen werden. Sobald wir uns eine Vorstellung von einem Gegenstand, einer Person oder von einer Pflanze, von einem Tier machen, setzen wir etwas heraus, stellen es vor, und legen uns und den Gegenstand damit fest. Diese Festlegung geht sogar so weit, dass sie sich vor die Wahrnehmung schieben kann und damit den ungetrübten Blick auf die aktuelle Begegnung verstellt. Wir sehen nicht, wie dieser Mensch gerade heute aussieht, bemerken nicht einmal, dass er gestern beim Friseur war. Die Vorstellung ist tatsächlich eine Festlegung. Wir *müssen* sie daher sogar mausern, um offen für eine immer wieder neue, taufrische Entgegennahme der Wahrnehmungswelt zu werden.

Solch einem Mausern unterliegt der Mensch in einem alljährlich wiederkehrenden Zyklus. Jahr für Jahr behalten wir von der farbigen und üppigen Sommernatur Bilder zurück, die festlegend werden, wenn mit der herbstlichen Welke diese ganze Sommernatur entschwindet. Was uns bleibt, sind mehr oder weniger starke Erinnerungsvorstellungen. Wir glauben zu wissen, wie eine Sonnenblume aussieht; wir glauben auch zu wissen, wie ein Rittersporn aussieht oder auch die Rose in unserem Garten.

Im nächsten Jahr aber kommt das große Erwachen. Geradezu zwangsweise werden wir eines Besseren belehrt. Mit einem Male sieht man eine Sonnenblume mit neuen Augen. Am Rittersporn entdeckt man feine Formdetails, und die Rosen – ja haben sie je so gut geduftet wie in diesem Jahr? Niemals also würden wir uns ohne diese «Korrektur» jedes Jahr an der neu aufkommenden Pflanzen- und Blütenpracht erfreuen, nie könnten wir uns noch einmal vom farbigen Zauber einer blühenden Rosenhecke am Gartenhag beglücken lassen. Zum Glück also werden wir mit jedem Frühling und Sommer, mit jeder Johanni-Zeit eines Besseren belehrt und mausern unsere Gedanken. Vielleicht ermöglichen es diese Betrachtungen, einem Verständnis der folgenden Worte in Rudolf Steiners Johanni-Imagination ein wenig näher zu kommen:

> «*Es werden Stoffe verdichtet,*
> *Es werden Fehler gerichtet,*
> *Es werden Herzen gesichtet.*»[62]

Abermals tritt die Welt neu ins Stoffliche, menschliche Vorstellungen werden korrigiert, neu ausgerichtet, und die Herzen dürfen wieder von neuem staunen. – All das macht das jährliche Mausern unserer Gedanken.[63]

Kapitel VI:
FLIEGEN = DENKEN

> *«Die Vögel denken nicht.*
> *Wir denken, weil wir nicht fliegen können.*
> *Unsere Gedanken sind eigentlich die umgewandelten Flugkräfte.»*
>
> Rudolf Steiner[64]

Mit dem Feder- und Flügelwesen des Vogels sind wir auf seinen Unkreisbezug gekommen. Diese Umkreisbezogenheit des Vogels ist auch der Schlüssel zum Verständnis von Vogelflug und Vogelzug.

> *«Wir lieben die Vögel,*
> *weil die gleiche Kraft in ihnen wirkt,*
> *die uns in das Reich des Geistes trägt.*
> *Ihr Flug ist das Urbild des Gedankens,*
> *der in den übersinnlichen Welten waltet.*
> *Er ist ein Vorbild für das menschliche Denken.»*
>
> Albert Steffen[65]

Der ganze Bau des Vogels muss letztlich als Beschreibung davon gelesen werden, was es bedarf, um sich ins Unsichtbare, ins Unfassliche erheben zu lassen. Und so müssen wir auch für die Assoziation von Vogelflug und

Denken die Gefahr einer bloßen Metaphorik überwinden, wenn wir den Vogelflug wirklich verstehen lernen wollen. Auch hier muss sich uns schließlich eine Wesensidentität von Denken und Vogelflug ergeben. Vielleicht gelingt es dadurch, dem Wunder des Vogelfluges, sich von einem durchsichtigen «Nichts» tragen lassen zu können, auf die Spur zu kommen.

Beobachtung des Denkens

Lenken wir dazu zunächst den Blick auf unser eigenes Denken unter dem Aspekt des Fliegens. Wir fassen zwei Gedanken als getrennt voneinander auf: «Die Nacht ist finster» und «In der Nacht tritt die Welt nicht in Erscheinung». Der eine Gedanke steht neben dem anderen. Beides sind für sich stehende Blickwinkel auf das Phänomen der Nacht. Wir können diese beiden Gedanken ohne Beziehung zueinander entgegennehmen. (Wobei bereits jetzt bemerkt werden kann, wie man sich regelrecht dagegen wehren muss, dass sich zwischen den beiden Gedanken nicht doch ein Zusammenhang aufzuspannen beginnt.) Wir befinden uns noch ganz auf dem Boden der Faktensammlung.

In einem nächsten Schritt können wir die *Zusammenstellung* der beiden Gedanken als eine Art Rätsel an uns herankommen lassen. Unser Denken beginnt jetzt seine Schwingen auszubreiten, sucht nach einem Zusammenhang, nach Verbindungslinien zwischen den beiden Sätzen. Probehalber, tastend, horchend verbinden wir die beiden Sätze mit einem «und» zu einem Satz, lauschend auf das, was sich als Sinnzusammenhang ergibt (wenn auch vielleicht nur ahnend, der ungefähren Richtung nach): «Die Nacht ist finster, und in der Nacht tritt die Welt nicht in Erscheinung.» Im Nu fängt der Zusammenhang an, uns einzubeziehen, wir werden ergriffen und hören eine noch nicht in eine Formulierung geronnene Bedeutung. Will man die Bedeutung aber doch im Begrifflichen fassen, sie gleichsam erbeuten, dann lässt sich vielleicht sagen: «Die Nacht ist finster, und das bedeutet, dass die Welt nicht zur Erscheinung kommt.» Das Denken wird jetzt von dem erfassten Bedeutungsinhalt getragen, der sich auf die zusammenhangschaffende Tätigkeit wie aufgelegt hat.

Das Denken kann sich entweder zum Landen entschließen und es dabei belassen. Man belässt es beim Fang der Beute: «Ah, jetzt verstehe ich, wie der Autor der beiden Sätze diese Gedanken in Zusammenhang sieht.» – Oder aber das Denken fühlt sich angetrieben, weiter zu denken, seine Schwingen weiter auszufahren und ein paar Flügelschläge zu wagen: «Das klingt spannend: Nacht heißt also, dass die Welt nicht in Erscheinung tritt.» Das Denken folgt jetzt der eingeschlagenen Richtung, orientiert sich danach aus, und findet zu einem nächsten dazugehörigen Gedanken. «Dann bedeutet ‹Tag› aber auch, dass Welt zur Erscheinung kommt.» Der Gedanke kann regelrecht Auftrieb bekommen: «Das hieße ja, dass ich gar nicht das Modell der scheinwerferartig die Erde beleuchtenden Sonne bräuchte, die das Licht gleichsam physisch auf die Erde schickt, sie statt mit Regen mit Licht berieselt, sondern dass diese Sonnenscheibe am Himmel eine Art Symbol dafür ist, dass das Zur-Erscheinung-Kommen der Welt unter ihrem Zeichen steht!» Das Denken kann sich mehr und mehr erwärmen lassen, mehr und mehr Auftrieb bekommen. Es kann sich begeistern und schließlich in eine Strömung einmünden, in die auch andere Denker schon eingemündet waren:

«Der Mensch kann sein Erleben zu einer bestimmten Zeit zum Ausdrucke bringen, indem er von der Stellung der Gestirne in diesem Zeitpunkt spricht. Am einfachsten geschieht dies, wenn zum Beispiel das Erleben des Morgens in die Worte gefasst wird: die Sonne geht auf.»

So Rudolf Steiner in seinem Vorwort zur ersten Ausgabe des Anthroposophischen Seelenkalenders 1912/13 unter dem Titel «*Was gemeint ist*».[66]

Man begibt sich auf dieser Stufe angelangt auf gemeinsame «Fahrt», auf einen gemeinsamen Flug mit anderen, die eine ähnliche Wegroute eingeschlagen haben ...
Nun soll uns dieser – sicher sehr anregende und weittragende – konkrete Gedankeninhalt des ausgewählten Beispieles vorerst nicht weiter interessieren. Es soll hier ja um den Denkprozess in seiner Wesensverwandtschaft mit dem Fliegen des Vogels gehen. Und wie wir gesehen haben, sind bei diesem Prozess mindestens vier verschiedene Stufen zu unterscheiden, die alle auch mit dem Fliegen des Vogels in Bezug zu bringen sind:

- Faktenfeststellung – Bodenstation.
- Schwingen ausbreiten, um sich in die Zusammenhang schaffenden Kräfte aufzuspannen.
- Sich vom anwehenden Bedeutungsinhalt in die Lüfte heben lassen.
- In der Erwärmung und Begeisterung dem Auftrieb hingeben.

In der vollzogenen Beobachtung des eigenen Denkens haben wir uns auf übersinnliche Phänomene konzentriert: Der eher flüssige Charakter des zusammenhangschaffenden Denkens entspricht demjenigen, was Rudolf Steiner im engeren Sinne das «Ätherische» nennt;[67] mit dem Lauschen auf den Bedeutungsinhalt begeben wir uns in die luftige Ebene des inspirativen Denkens, und durch die Wärme lassen wir uns intuitiv befeuern. In dieser übersinnlichen Welt gibt es richtungweisende Kräfte, die uns auf bestimmten Bahnen zu einem anderen Gedanken, ja schließlich – zusammen mit anderen Weggefährten – zu einem gewissen Zielpunkte bringen ... Diese Andeutungen mögen genügen, um dazu anzuregen, weitere Parallelen zwischen Denken und Vogelflug/Vogelzug aufzusuchen.

Sich vom Weltendenken tragen lassen

Nun können wir entdecken, dass dieselben übersinnlichen Kräfte, die wir in unserem abgeschlossenen Denkraum auffinden können, auch im Hinblick auf die Sinneswelt aufzufinden sind. Dieser Schritt vom ideellen Denken zu den im Sinnesleben webenden Wesenkräften ist entscheidend, um von einer bloßen Parallelität zwischen Denken und Fliegen zu deren Identität zu gelangen.
In seinem Vortrag «Die praktische Ausbildung des Denkens» führt Rudolf Steiner Übungen an, um das Denken so an der Sinneswelt zu schulen, dass es letztlich zu einem Wahrnehmungsorgan für das in der Sinneswelt wirkende Weltendenken wird:

«Wirkliche Praxis des Denkens setzt voraus, dass man die richtige Gesinnung, das richtige Gefühl zum Denken gewinnt. Wie kann man eine richtige Stellung zum Denken gewinnen? Niemand kann das richtige Gefühl zum Denken haben, der glaubt, dass das Denken etwas sei, das sich nur innerhalb des Menschen, in seinem Kopf oder seiner Seele abspiele. [...] Die Dinge müssen nach den Gedanken aufgebaut sein, nur dann kann ich den Gedanken auch herausholen aus den Dingen. [...] Und wenn der Mensch denkt über die Dinge, so denkt er nur über das nach, was zuerst in sie hineingelegt worden ist. Der Glaube, dass die Welt durch Denken hervorgebracht worden ist und sich noch fortwährend so hervorbringt, der erst macht die eigentliche Denkpraxis fruchtbar.»[68]

An einem Beispiel, das ganz analog zu den obigen Betrachtungen zum eigenen Denken aufgebaut ist, soll auf eine solche Beobachtung der in der Sinneswelt wirksamen, zusammenhangschaffenden Denkkräfte hingewiesen werden.[69]

Ein weißes Blatt Papier inmitten und zu Füßen einer Menschengruppe kann regelrecht magisch wirken. Kaum liegt es auf dem Boden, fokussiert, sammelt es die ganzen Aufmerksamkeitskräfte der Anwesenden – oder anders formuliert: alle Aufmerksamkeitskräfte sammeln sich dort, auf dem Blatt.

Ein weißes Blatt Papier fokussiert die Aufmerksamkeitskräfte

Sobald nun ein Gegenstand (etwa eine Streichholzschachtel) darauf platziert wird, liegt er nicht da, wie zufällig dort liegen gelassen, wie ein eigentlich aufzuräumender, wegzuräumender Gegenstand, sondern bildet gleich ein Gefüge, ein Arrangement mit dem weißen Blatt. Das Ganze wirkt nun eher inszeniert: Hier spielt sich etwas ab. Wir schauen also nicht mehr auf Einzelheiten, sondern auf ein Aufgespanntsein des Gegenstandes in einen aktuell wirksamen kompositorischen Zusammenhang. Dieser west gleichsam über dem Blatt und dem Gegenstand an – anwesend durch die fokussierte Aufmerksamkeit der Betrachter.

Nicht «Wahllosigkeit», sondern «Inszenierung»
west über dem Arrangement an

Kommt nun ein zweiter Gegenstand hinzu – etwa ein Salzstreuer –, stellen sich unmittelbar Beziehungen zwischen den beiden Gegenständen ein.

Inhaltlich getragener Zusammenhang zwischen
Streichholzschachtel und Kerze.
Links unten: Aufgespannter Zusammenhang zwischen Streichholzschachtel und Salzstreuer: rein *kompositorischer* Natur

Diese sind nicht primär inhaltlicher Art – wie das etwa bei einer Streichholzschachtel und einer Kerze unmittelbar der Fall wäre –, sondern rein kompositorischer Art. Sie sind so zwingend, dass wir fast nicht mehr umhinkönnen, die Gegenstände ohne Bezug zueinander zu sehen. Zwischen den Gegenständen wirkt eine beziehungschaffende Kraft. Aktiv werden die beiden Gegenstände miteinander verbunden. Man kann sogar mit der Intensität der Beziehungen spielen, denn je nachdem, wie die beiden Gegenstände zueinander arrangiert werden, kann diese Beziehung abgeschwächt oder verstärkt werden.

Dieses Wirksamsein sehen wir *dort*, draußen auf dem Blatt Papier. Das also, was wir gewohnt sind, in unserem Denken anzuwenden – einen Gedanken mit dem anderen in Verbindung zu bringen und zu halten –, das entdecken wir nun in der Sinneswelt wieder.

Das gewählte Beispiel ist ja noch ein recht künstliches. Hat man aber einmal hieran die zusammenhangschaffenden Kräfte draußen entdeckt, so findet man sie allenthalben auch im Naturzusammenhang. Nicht nur, dass Beziehungen in einem Landschaftsanblick – beispielsweise zwischen einer Kirche und der fernen Hügelkuppel – entdeckt werden können, man kann sie auch als Leitlinien für Lebewesen entdecken. Wie selbstverständlich delegiert man doch den täglichen Weg zur Arbeit an richtunggebende Kräfte, die unter dem Wachbewusstsein wirksam sind. Was denkt man nicht alles bei dem Fußweg oder bei der Autofahrt, ohne darauf zu achten, dass man noch auf dem richtigen Weg ist. Und ohne uns darüber groß zu verwundern, kommen wir einfach dort an, wohin wir wollen. Wie sehr wir da geführt, geleitet werden – wie auch immer man das vorläufig nennen möge –, bemerken wir dann, wenn wir den gewohnten Weg etwa wegen einer Umleitung oder wegen Glatteis nicht mehr nehmen können. Jetzt fangen wir wirklich an, bewusst zu überlegen, wo es nun langgehen soll. Oder der andere Fall existiert auch, dass uns unsere Füße mit einem Male

ganz woandershin tragen, als wir uns gerade eben noch vorgenommen hatten, weil uns die gewohnten Linien doch wieder zum Arbeitsplatz hinsteuern – obwohl wir doch gerade eigentlich den Einkauf erledigen wollten.
Variationen dieses Themas lassen sich auch bei den Vögeln beobachten, so etwa, wenn ein Trupp Krähen sich nicht entschließen kann, endgültig von einem Rastplatz auf einem Gebäudedach Abschied zu nehmen. Immer wieder werden Anläufe genommen, immer wieder löst sich der Trupp los, kehrt aber doch bald wieder wie magisch angezogen zum Dach zurück. Bis es endlich so weit ist, dass

Das Fliegen der Vögel lebt in Beziehungen (Werbung der Schweizer Post im Sommer 2007. Photo: Axel Mannigel)

der Sog überwunden werden kann und der Trupp zum gemeinsamen Schlafplatz am Waldesrand weiterfliegt. Und klar – das braucht nun fast nicht mehr gesagt zu werden – gehört auch das große Phänomen des Vogelzugs im Herbst und Frühling eines jeden Jahres zu diesem Thema, im Ätherischen der Welt aufgespannt zu sein, dort geleitet, geführt zu werden.

Der von Denken, Fühlen und Wollen erfüllte Raum

Der Raum, in den wir tagtäglich blicken, ist also kein toter, abstrakter Raum, sondern ist angefüllt mit beziehungschaffenden Kräften – mit Ätherkräften. Diese Angefülltheit des Raumes war Rudolf Steiner ein vehementes Anliegen.[70]

« Wenn [...] in der Gegenwart die göttlich geistigen Wesen auf die Erde herunterschauen, so finden sie im Grunde genommen überall ihnen Fremdes. Die Menschen machen da unten auf der Erde etwas, was sie selber sich aus den Vorgängen und Dingen der Erde zusammenkombinieren. Es ist das den Göttern, mit denen die Menschen zwischen dem Tode und einer neuen Geburt leben, ein fremdes Element. [...]

Die Raumesanschauung nämlich ist überhaupt eine menschliche Anschauung. Die Götter, mit denen der Mensch in seiner wichtigsten Zeit zwischen dem Tode und einer neuen Geburt zusammenlebt, haben zwar eine ausgesprochene Zeitanschauung, aber diese Raumesanschauung, die der Mensch auf der Erde erwirbt, haben sie überhaupt nicht. Das ist ein spezifisch Menschliches, diese Raumesanschauung. Der Mensch tritt eigentlich erst in den Raum ein, indem er aus der göttlich-geistigen Welt in die physische Welt heruntergeht.»[71]

Bisher haben wir uns in unseren Betrachtungen allein auf das Denken konzentriert und haben damit nur *einen* Bereich dessen beobachtet und erfasst, was den Raum wesenhaft ausfüllt:
Aber alle drei Dimensionen haben ihren inneren, sinnlich-sittlichen, wesenhaften Anteil:
links-rechts: Denken, vorne-hinten: Wollen, horizontal: Fühlen.

«Man kann sich ein Gefühl von diesen drei Ebenen erwerben. Wie man sich ein Gefühl erwirbt von der ersten Ebene, das habe ich schon gesagt. Sie ist zu fühlen als die Ebene des [...] Denkens. Die zweite Ebene, welche den Menschen in ein Vorderes und Rückwärtiges trennt, sie würde diejenige Ebene sein, welche geradezu auf dasjeni-

ge hinweist, wodurch der Mensch Mensch ist. Denn nicht in derselben Weise könnten Sie diese Ebene in ein Tier hineinzeichnen. Die Symmetrie-Ebene können Sie in das Tier hineinzeichnen, die andere vertikale Ebene nicht. Diese zweite vertikale Ebene, die würde zusammenhängen mit alledem, was menschliches Wollen ist. Und die dritte, die darauf senkrechte horizontale Ebene würde zusammenhängen mit alledem, was menschliches Fühlen ist. Versuchen Sie nur einmal wiederum aus den elementaren Gesten sich eine Anschauung von diesen Dingen zu verschaffen. Sie werden sehen, dass man das kann, dass man in der Lage ist, so etwas zu machen. Schließlich nähert sich alles dasjenige, worinnen der Mensch sein Fühlen zum Ausdrucke bringt, sei es ein grüßendes Fühlen, ein dankendes Fühlen oder sonstiges Mitfühlen, in einer gewissen Weise der Horizontalebene.

Ebenso können Sie sehen, dass Sie in einer gewissen Weise immer das Wollen werden in Zusammenhang bringen müssen mit der angegebenen Vertikalebene. Es ist möglich, sich anzuerziehen ein Gefühl für diese drei Ebenen. Wenn der Mensch nun ein Gefühl für diese drei Ebenen bekommt, dann wird er genötigt sein, das Weltenall ebenso im Sinne dieser drei Ebenen aufzufassen, wie er, wenn er nur in abstrakter Weise die drei Raumdimensionen auffasst, in mechanisch-mathematischer Weise galileisch oder kopernikanisch das Weltenall in seinen Bewe-

*gungen und Stellungen berechnet. Nur werden ihm dann konkrete Verhältnisse hineinkommen in dieses Weltenall. Er wird nicht mehr bloß nach den drei Raumdimensionen rechnen, sondern er wird aufmerksam darauf werden, dass da in ihm selbst, indem er die drei Ebenen fühlen lernt, zwischen rechts und links ein Unterschied ist, zwischen oben und unten ein Unterschied ist, zwischen vorne und hinten ein Unterschied ist. [...]
Die Frage ist wichtig: Wie machen wir es denn eigentlich, dass wir aus den konkreten Raumrichtungen abstrakte Raumrichtungen herausbekommen? Ein Tier würde das nicht können. Ein Tier würde nicht ohne weiteres aus den drei konkreten Raumrichtungen abstrakte herausbekommen können. Ein Tier würde stets seine Symmetrie-Ebene als konkrete Symmetrie-Ebene empfinden, und es würde nicht beziehen diese Symmetrie-Ebene auf irgendeine abstrakte Richtung, sondern es würde höchstens, wenn es abstrakt vorstellen könnte oder überhaupt vorstellen könnte im Sinne dessen, was wir Menschen «vorstellen» nennen, es würde die Drehung empfinden. Es ist auch beim Tiere so, dass es die Drehung empfindet, empfindet als eine Abweichung seiner Symmetrie-Ebene von einer Normalrichtung. Da liegen wichtige und wesentliche Dinge für die Tierkunde, die wiederum einmal zutage treten werden, wenn man diese Sache studieren wird aus ihren Wirklichkeitsimpulsen heraus. Dass Tie-*

*re, wie Sie es am eklatantesten sehen beim Vogelflug,
Richtungen finden, das rührt davon her, dass sie nicht
in beliebiger Weise die drei Raumrichtungen empfinden,
sondern dass sie gewissermaßen sich zugehörig fühlen zu
einer ganz bestimmt orientierten Raumrichtung, und dass
sie jedes Abweichen von dieser Raumrichtung eben auch
als einen Winkel, als eine Abweichung empfinden.»*[72]

Der Raum ist also keineswegs leer, sondern angefüllt
mit leitenden, weltverbindenden und impulsierenden
Kräften, durch die wir stets hindurchlaufen, von denen
wir ständig umgeben sind. Daher werden wir auch das
Wunder des Vogelfluges und die Rätsel des Vogelzuges so
lange nicht verstehen, solange wir von einem abstrakten
Raumverständnis ausgehen und aus dem heraus materialistisch begründete, funktionale Erklärungsmodelle bilden. Wie bereits mehrfach erwähnt, bedarf es einer bildhaften Auffassung der sinnesweltlichen Erscheinungen.
Der Schritt muss geleistet werden, die Sinneswelt als Erscheinung von Geistigem «ohne zugrunde liegende Materie aufzufassen» (vgl. Kapitel IV). Auf diese Weise wird
die Sinneswelt *wirklich* zu einer Bilderwelt und zugleich
gehört alles das, was daran als nichtsinnliches Erleben im
eigenen Seeleninneren beobachtet werden kann (Denkbewegungen, Stimmungen, Gefühle, Willensimpulse) der
übersinnlichen Welt an, auf die das Sinnes-Bild hinweist.

Das eigene Innere wird dabei zu einem Auffassungsorgan dessen, was als seelisch-geistiger Hintergrund zu der aktuellen sinnlichen Erfahrung dazugehört. Welt spricht sich in den inneren Regungen unserer Seele aus. Oder anders herum: Im Beobachten der eigenen Seelenregungen beobachten wir Weltendenken, -fühlen und -wollen.
Was hat all das mit Vogelflug und -zug zu tun? Die Frage ist doch: Bewegt sich der Vogel wirklich durch denselben, toten, abstrakten dreidimensionalen Raum, in dem wir uns bewegen, wenn wir Welt mit dem heutigen Bewusstsein realisieren, oder bewegt er sich gar nicht in einem gegenständlichen Raum, sondern auf der Innenseite des uns gegebenen Sinnesbildes? Es lohnt, sich vor diesem Hintergrund nochmals einige Passagen aus der achten Elegie von Rainer Maria Rilke aus Kapitel II zu Gemüte zu führen.

Für das Tier heißt es da:

> «[...] *das freie Tier hat seinen Untergang stets hinter sich*
> *und vor sich Gott, und wenn es geht, so gehts*
> *in Ewigkeit, so wie die Brunnen gehen.* [...]»

Und für den Menschen:

> «*Dieses heißt Schicksal: gegenüber sein*
> *und nichts als das und immer gegenüber.*»

Wie genial greift Rilke die Tatsache, dass nur der Mensch ins Gegenüber, in den Raum des Toten eingetreten ist, während die «Kreatur» noch in der Ewigkeit, im «Schooße» verbleibt und sich dort bewegt. Und hier, in diesem Raum des «Schooßes», der uns durch die Beobachtung der Seelenregungen in unserem Innern zugänglich ist, ist die *wahre*, geistlebendige Wirklichkeit zu finden. Die dreidimensionale Raumeswelt ist ja gerade deshalb abstrakt, tot, weil sie nicht mehr mit dem wahren Wirklichkeitsgrund verbunden ist (also unwahr ist), abgefallen ist und uns den Schein einer Eigenständigkeit vorgaukelt. Wie sehr also unterliegen wir doch einem Trug, wenn wir in dieser unwahren Welt nach Erklärungen für die Phänomene in der Welt suchen, wenn wir mit der Selbstvergessenheit in Bezug auf unsere Herkunft aus der Weltinnenseite einfach fortrollen in die entstandene Scheinwelt, uns immer weiter in diese Selbstvergessenheit hineinisolieren!

Genug: Wenn wir also den Flug und den Zug des Vogels begreifen wollen, so können wir gar nicht anders, als sie als Phänomene des Innenraumes aufzufassen. Und das dabei in Betracht zu ziehende Beobachtungsfeld sind die Regungen im eigenen Innenraum.[73] Das, was in der griechischen Kulturepoche noch unbewusst und gegeben vonstatten ging, ein solches Verständnis der Natur, müssen wir uns heutzutage bewusst erwerben:

«Wir wissen, dass der Grieche ausgebildet hatte die Verstandes- oder Gemütsseele; bei uns ist das Ich nach außen gerichtet, die Verstandes- oder Gemütsseele aber ist nach innen gerichtet, erfasst mehr das innere Gleichgewicht und die innere Bewegungsfähigkeit des Leibes. Der Mensch steckt noch mehr in sich als Grieche, denn als moderner Mensch. Der Grieche hat daher auch nicht in derselben Weise wie der moderne Künstler mit dem Modell gearbeitet, sondern wenn er den Arm zu bilden hatte, dann fühlte er in sich die Form des Muskels, fühlte in sich die Gestalt, er fühlte, wenn er eine Bewegung bilden sollte, wenn er selbst die Bewegung machte, wie das ist. Ja, er konnte noch mehr, der Grieche, weil er noch drinnen steckte. Sie wissen, in der ägyptisch-chaldäischen Zeit wurde ausgebildet die Empfindungsseele, in der griechisch-lateinischen Zeit die Verstandes- oder Gemütsseele. Sie steckt aber noch darinnen. Erst das Ich tritt heraus, sieht die Außenwelt an. Wenn der Grieche sich einen Vogel anschaute, so konnte er in seiner eigenen Armbewegung, wenn er den Flug des Vogels nachahmte, fühlen, wie er die Flügel gestalten musste, während der moderne Mensch ein Modell braucht, sich einen Vogel irgendwo anheftet und dann den nachmalt oder nachbildet. Dieses innerliche Erleben ist der modernen Menschheit mit Recht verlorengegangen. Aber wissen muss man das und würdigen muss man das: Dieses in-

nerliche plastische Verständnis, das der Grieche hatte, hat der moderne Mensch nicht. Wir müssen verstehen, dass, wenn der Grieche einen Menschen in Bewegung in der Plastik nachbildete, er aus innerem Wissen, nicht von äußerlichem Anschauen nach dem Modell wusste, wie er das Bein, die Zehe, die Finger, wie er das alles zu stellen hatte. Der moderne Mensch kann eigentlich im Grunde genommen einen Vogel, der fliegt, nicht malen. Auf modernen Bildern schweben die Vögel, sie fliegen nicht.»[74]

Wie orientieren sich die Vögel?

Durch die heutige Vogelzug-Forschung konnten verschiedene Orientierungsweisen nachgewiesen werden. Einen aktuellen, leicht verständlichen Überblick gibt zum Beispiel Walther Streffer in seinem Buch «Vom Wunder des Vogelzuges», auf das für weitere Details hingewiesen sei. An dieser Stelle sollen die verschiedenen Orientierungsmöglichkeiten nur kurz genannt werden, um sie dann wieder in einen Bezug zu den vorangestellten Ausführungen Rudolf Steiners zu bringen. Tagsüber orientieren sich die Vögel vielfach durch Sichtorientierung nach Landmarken etc. Für die Nacht sind die Sterne offenbar eine Art Orientierungshilfe. Hinzu kommen

Orientierung am Magnetfeld der Erde, an sich ändernden Verhältnissen des atmosphärischen Druckes sowie Geruchsorientierung.

Fragen wir uns jetzt noch einmal, durch welchen Raum der Vogel eigentlich zieht, und erinnern wir uns noch einmal daran, dass der Raum keineswegs leer ist, sondern angefüllt ist von verschiedenen leitenden Kräften, so wird deutlich, dass die Orientierung am Ätherischen, Magnetischen, am Sternenkosmos sowie an Duftwolken weniger mechanistisch-kausale Erklärungen sind als vielmehr Art und Weisen, sich innerlich auszurichten. So mutet ja auch das Wittern der Rehe eher wie ein innerliches Abtasten an. Es wird wie abgeschmeckt, womit man es bei diesen Anwehungen zu tun hat. Und tatsächlich scheint all das mehr dem zu ähneln, wie wir uns in unserem Denken und Sinnen orientieren: Nicht selten weht uns mit einem Male etwas an, leuchtet etwas sternengleich auf. Wir wittern vielleicht hier und da eine Fährte, der wir folgen. Wir ahnen Zusammenhänge. Wir folgen Leitlinien, ergreifen große, weisheitsvolle, kosmische Bezüge, lassen uns leiten, werden magisch angezogen ... – Wie wir im inneren Kosmos Orientierung, Ausrichtung finden, so scheinen sich auch die Vögel im Erdenkosmos von wesentlichen Kräften ausrichten zu lassen.

Vom Wunder des Vogelfluges

Es ist auffällig, wie wenig Rudolf Steiner zu der Frage gesagt hat, wie der Vogelflug eigentlich funktioniert. Vielleicht ist aber gerade durch die vorhergehenden Betrachtungen ahnbar geworden, dass die Frage – zumindest, wenn sie mit einer mechanistischen Auffassung gestellt ist – von vornherein am Ziel vorbeigeht. Dass der Vogel fliegen kann, ist letztlich doch ein Wunder, denn, was wir geistig-seelisch vermögen, uns in die zusammenhangschaffenden Kräfte aufzuspannen, uns von dort aus in die Lüfte und in die Begeisterung emporheben zu lassen, das führt uns der Vogel sinnlich-sichtbar vor. Ein Wunder, dessen Gehalt nun nicht mehr in einem Rätsel besteht, sondern im Staunen darüber, dass eine solche physische Darstellung – und dazu noch mit einer solchen Anmut wie etwa beim segelnden Rotmilan – dessen existiert, was wir (nur) in unserem geistigen Innern vollziehen. Das Wunder steht nun nur noch als eine umso schönere Realimagination da. Sobald wir jetzt auf einen von den Lüften und Aufwinden getragenen Rotmilan am blauen Himmel schauen, der seine Flügel in die Ätherweiten aufgespannt hat, können wir mit seinem Aufgespanntsein ins Ätherische das sehen, was wir sonst unsinnlich nur durch unser eigenes Denken wahrnehmen können!

Getragensein vom warmluftigen Auftrieb und Aufgespanntsein
in Zusammenhang schaffenden Kräften des Ätherischen
(Basstölpel vor dem Bassrock an der schottischen Küste)
(Aus: Robert Burton: Der Vogelflug, Stuttgart 1991)

«Man kann niemals eigentlich nach den physikalisch-mechanischen Konstruktionen den Schmetterlingsflug so ohne weiteres konstruieren, auch den Vogelflug nicht. Es wird niemals vollständig stimmen. Man muss da etwas hineinbringen, das andere Konstruktionen noch enthält. Aber den Fledermausflug, den können Sie durchaus mit irdischer Dynamik und Mechanik konstruieren.»[75]

Und genauso wenig lässt sich das freie Denken des Menschen allein aus der Materie heraus erklären. Rudolf Steiner weist im Gegenteil oftmals darauf hin, dass die Schwerelosigkeit, also Erdungebundenheit des Gehirns im Gehirnwasser, notwendige Bedingung für das freie Denken sei.[76]

Eine der wichtigsten Tragekräfte des Fliegens ist der Auftrieb der Wärme. Rudolf Steiner spricht in dem bereits mehrfach erwähnten Zyklus «Der Mensch als Zusammenklang des schaffenden, bildenden und gestaltenden Weltenwortes» vom Vogel als Wärmewesen. Und im Kapitel V zur Evolution der Vögel brachten wir ein Zitat, in dem Rudolf Steiner darauf hinweist, wie sehr die hohlen Knochen der Vögel ein Zeichen dafür sind, dass sie ihr Wärme- oder Ich-Wesen nicht bis in die Knochen inkarniert haben – was aber bei den markerfüllten Knochen des Menschen der Fall sei. Das Wärmewesen trägt den Vogel von außen und nicht von innen, wie es das Ich beim Menschen tut. Beim Vogel gibt das übersinnlich im Umkreis des Vogels wirksame Ich-Wesen die Wärme an die Luft ab, in die Luftsäcke, die sich in den ganzen Leib erstrecken, bis in die Knochen, und verleiht ihm damit die Begabung, sich wie eine Art Heißluftballon von der Luft tragen zu lassen. Was beim Menschen als äußerliche Technik erscheint, lebt beim Vogel als innere Begabung! – Wie wunderbar ist doch der Vogelflug!

> *Das Gefieder der Sprache streicheln*
> *Worte sind Vögel*
> *Mit ihnen*
> *Davonfliegen.*
>
> Hilde Domin[77]

Einschub:
Bedenkenswerte Tagebuch-Aphorismen

Die Feder ist ein Gebilde aus dem Umkreis für den Umkreis: Sie ist auch deshalb auf mechanistisch-technischem Wege nicht nachzukonstruieren beziehungsweise das auf ihr basierende Fliegen der Vögel. Die Feder gilt für einen Bereich des Daseins, den wir Menschen heute nicht mehr (beziehungsweise noch nicht wieder) unmittelbar als Kraft nutzen können – wohl aber die Vögel. Eine

aerodynamische Betrachtungsweise des Vogelfluges ist daher unangemessen. Vielmehr müssen wir das Ausgebreitetsein der Vogelschwingen als ein Aufgespanntsein ins Ätherische anschauend erleben lernen können.
Die Feder ist ein Gebilde, das sich in die Sphäre hineinerstreckt, die vom Umkreis auf das Zentrum wirkt – und das ist das Ätherische, das ist das Erlebnis, dass mir Kraft, dass mir Einsichten wie von außen zukommen. Im menschlichen Kontext wurden solche Erlebnissituationen früher als Anwesenheiten von Engeln dargestellt, die einem etwas ins Ohr flüsterten oder einem etwas zusprachen. – So beleuchten sich Engel- und Vogelwesen gegenseitig.

Wenn ich zusammenhalte, was Rudolf Steiner in der Akasha-Chronik[78] über unsere atlantischen Vorfahren schreibt, die noch aufgrund der dünneren Luft imstande waren, die Ätherkräfte zu nutzen – wenn ich das zusammenhalte mit der weiteren Aussage Rudolf Steiners, dass man weder den Vogel- noch den Schmetterlingsflug auf mechanische Weise erklären könne ... und wenn man hinzunimmt das Erlebnis, das man beim Anblick insbesondere eines Rotmilans vor dem blauen Himmel haben kann (das Aufgespanntsein in Ätherweiten), dann kann man zu der Frage kommen: Leben die Vögel also noch in einer dünneren «Luft»? Vermögen sie das, was wir heutigen Menschen nicht mehr vermögen, nämlich die Ätherkräfte zur Fortbewegung zu nutzen?

Ganz entsprechend dem Sich-Erheben vom Gegenstandsblick über den Zusammenhangsblick zum Stimmungsblick bei einer Landschaftsbetrachtung erhebt sich auch der Vogel in den Ätherraum, auf dessen «Grund» er sich in die Lüfte erheben lässt, weit hinein in diesen Raum über der Landschaft.
Und so, wie wir mit offenen Augen sinnierend denken und damit in den Denk- oder Ätherraum hineinschauen, genauso ergibt sich der Vogel in diesen Raum, wenn er fliegt. Dieser Raum ist halb ungesehen, halb gesehen. Er ist derselbe Raum, in dem sich unser Denken bewegt, auch dann, wenn wir die Augen geschlossen haben. Ein unsichtbarer, aber erlebter Raum. Das ist zugleich unser, des Menschen, Aufenthaltsraum, in dem wir uns als stets intuiertes Ich-Wesen wieder finden können.

Warum können Vögel fliegen? – Weil sie noch den Glauben haben, der Berge versetzen kann. Dieser Glaube sitzt ihnen in den Gliedern, im Leibe. Sie sind mit ihrem ganzen Sein noch an die schaffende Wesenswelt angebunden, die in unserem Bewusstsein zu Begriffen und Vorstellungen erstorben ist. Die Vögel glauben an die Wesenskraft der durchwärmten Luft, die sie durch ihr Sein regelrecht darum bitten, von ihr getragen zu werden. Wie alle Tiere leben auch die Vögel noch im Lande ihres Ursprungs, und all ihre Begabungen (auch die leiblichen) lassen sie dort urständen. Sie fliegen nicht (in unserem) Raum. Sie geben sich den Wesen des Lichtes, der Wärme, der Luft hin und lassen sich von diesen tragen. So funktioniert die Welt, und das bildet sich sinnlich als der fliegende Vogel ab, den wir gerade bewundern.

Fliegende Vögel geraten – ziehen sie von uns davon in die Ferne – alsbald in die Fluchtpunktsituation. Sie werden zum Fokus in der weiten Ferne, bis sich schließlich auch dieser Punkt der Sichtbarkeit entzieht. Genauso unvermittelt – wie aus dem Nichts – tauchen sie auch häufig auf, diese Mittler zweier Welten. Sie bewegen sich an der Horizontebene, die das Himmlische mit dem Irdischen verbindet.

Die Gruppenseele – die geistige Führung der Vögel

Mit solchen Vorgedanken zu dem im Umkreis des Vogels wirksamen Wärme- oder Ich-Wesen bewegen wir uns auch zunehmend auf die Thematik des Gruppen-Ich oder der Gruppenseele zu. Der Zug der Vögel war Rudolf Steiner hierfür ein Paradebeispiel.

In seinen Darstellungen zur Gruppenseele beziehungsweise zum Gruppen-Ich der Tiere schildert Rudolf Steiner, dass der Raum nicht allein mit Ätherischem (Zusammenhangschaffendem) angefüllt ist, sondern auch mit Seelischem, Astralischem, ja sogar Persönlichkeitsartigem. Mehrfach betont Rudolf Steiner, dass wir sozusagen auf Schritt und Tritt durch Gruppenseelenwesen hindurchgehen, die weisheitsvoll die Tiere lenken und leiten.[79] Wir kennen vielleicht solche unsichtbaren «Wolken», durch die wir hindurchschreiten, gut von Stimmungen oder auch Atmosphären: etwa durch die Stimmung eines Lavendelfeldes oder eines Sonnenblumenfeldes, durch die Stimmung des Frühlings- oder Herbstwaldes, aber auch durch die Stimmungswolken in den Einkaufszentren der Großstädte und nicht zuletzt auch durch die Stimmungen, durch die – mehr oder weniger dicke – Luft von etwa Besprechungen, Konferenzen, um nur einige markante Beispiele zu nennen.[80]

«Weise handeln diese Gruppen-Iche, und weiser, als Sie es sich denken können, sind diese einzelnen Tierseelen, und was Sie hier als die Verrichtungen der Tiere kennen, wird bewirkt von den Gruppen-Ichen. In unserer Atmosphäre, im Umkreis unserer Erde leben sie, um uns herum sind sie zu finden. Wenn Sie den Flug der Vögel verfolgen, wie sie beim Herannahen des Herbstes fortziehen

von Nordosten nach Südwesten, und beim Herannahen des Frühlings wieder zurückziehen in ihre Heimat, von Südwesten nach Nordosten ziehen, und wenn Sie sich fragen: ‹Wer lenkt weise diesen Vogelflug?› – dann kommen Sie als okkulter Forscher, wenn Sie die einzelnen Anordner und Regierer suchen, auf die Gruppen-Iche der einzelnen Gattungen oder Arten. In aller tierischen Bevölkerung lebt das astralische Ich, das für den astralischen Plan ebenso ein Ich ist wie das Menschen-Ich hier, nur ein viel, viel weiseres Ich. Viel gescheitere Iche als hier die physischen Menschen sind dort auf dem Astralplan die geschlossenen Gruppenpersönlichkeiten, die die einzelnen Glieder hier auf dem physischen Plan haben, und alles, was bei den einzelnen Tieren weise eingerichtet ist, ist geoffenbarte Weisheit der Gruppen-Iche der Tiere. Wir schreiten anders durch die Welt, wenn wir das wissen, dass wir bei jedem Schritt und Tritt durch Wesen schreiten, deren Taten wir sehen.»[81]

Man kann sich diesem Sachverhalt aber auch noch auf eine andere Weise erlebend nähern: Das, was der Mensch in seiner Entwicklung erst noch erreichen muss, sein Ich im Umkreis zu finden, sich gegenüber dem eigenen Leibe wie außenstehend zu erleben, das haben die Vögel (unbewusst!) bereits erreicht – dies mit Verzicht auf ein individualisiertes Ich. Alle Einzelvögel sind ihrer Gruppenseele gegenüber, ihrem Gruppen-Ich gegenüber mit unserem Leib zu vergleichen, während das Gruppen-Ich diese Einzeltiere wie seinen eigenen Leib von außen erlebt. Und seine Leitung der Einzeltiere findet dann auf den Bahnen der zusammenhangschaffenden Kräfte, des Ätherischen statt.

Zugvögel leben noch auf dem (alten) Mond

«Jener Mond drehte sich um die Sonne so herum, dass er ihr immer dieselbe Seite zuwendete, wie auch heut noch der Mond der Erde, sodass also der Mond sich nur einmal um sich selbst drehte, während er um die Sonne kreiste. Daher waren alle Wesenheiten in ganz anderer Weise von dem Sonnendasein abhängig, als sie es heute auf der Erde sind. Während der ganzen Umlaufzeit des Mondes um die Sonne war es auf der einen Seite immer Tag, auf der andern eine Art Nacht. Die Wesen, die damals schon ihren Ort verlassen konnten, wanderten in einer Art von Kreis um den Mond herum, sodass sie eine Zeit hatten, in der sie unter den Einfluss des Mondes kamen. Die Zeit, in der sie unter dem Einfluss der Sonne standen, war die Zeit, in der sie sich fortpflanzten. Es gab schon damals eine Fortpflanzung. Bei den Mondmenschen gab es noch nicht die Möglichkeit, dass sie durch

Töne ihren Schmerz, ihre Lust ausgedrückt hätten; was sie ausdrückten, hatte eine mehr kosmische Bedeutung. Die Sonnenzeit war die Zeit der Brunst, die aber, wenn sie durchlebt wurde, verknüpft war mit einem furchtbaren Geschrei der Wesen, und das hat sich heute noch erhalten bei den Tieren.
Noch manches andere von diesen Dingen ist zurückgeblieben. Sie wissen, wie man nachforscht nach dem Grund des Zuges der Vögel, die auch in gewisser Weise den Erdball umkreisen. Viele der Dinge, die heute geheimnisvoll verborgen sind, verstehen wir, wenn wir den ganzen Werdegang unseres Erdendaseins betrachten. Es gab eine Zeit, wo sich die Wesen nur dann zur Fortpflanzung anschickten, wenn sie zur Sonne hin wanderten; man kann das die Periode des Geschlechtslebens nennen. Allgemeine Vorgänge des lunarischen Lebens drückten sich aus in Tönen, die zu gewissen Jahreszeiten auftraten; in den anderen Zeiten des Jahres war es stumm auf dem Monde.» [82]

Bereits 1949 arbeitete Friedrich Kipp heraus, dass die Vögel mit ihrer Zugaktivität einem Optimum an Tageshelligkeit nachziehen. Die Küstenseeschwalbe beispielsweise ist das ganze Jahr von Pol zu Pol unterwegs. «Während des Nordsommers lebt sie zur Zeit des Polartages in der Arktis. Und während des Südsommers strebt sie wiederum dem Gebiete des Polartages zu. Kein anderes Geschöpf der Erde genießt so viel Licht wie dieser Vogel.»[83] Walther Streffer ergänzt dieses Bild. Die Betrachtungen in seinem Buch «Wunder des Vogelzuges» legen nahe, dass man die Tropen als eine Art «Ur-Heimat» der Vogelwelt auffassen kann – was allein schon intuitiv einzuleuchten vermag. Die Zugvögel würden damit also in jedem Winterhalbjahr in ihre tropische Heimat zurückkehren, gewissermaßen dort «zu sich kommen», sich ihrem Weltenursprung zuwenden, darin aufgehen. Im Sommerhalbjahr aber breiten sie sich zur «Selbstdarstellung»[84] über die Erde aus, werden aktiv, bauen Nester, singen, werben, pflanzen sich fort und so weiter. Entsprechend drängend und schnell ist der Frühjahrszug in die Brutgebiete. Eher träumerisch-müde dagegen erscheint der sich vergleichsweise lang hinziehende Herbstzug. So liegt über der Erde ein großer Atem-Rhythmus des Vogelwesens: Schlafen im Sich-Zurückziehen in den Wesens-Ursprung der tropischen Landschaft im Winterhalbjahr; mit dem Frühjahrszug morgendlich frisches Erwachen; im Sommerhalbjahr in der «Selbstdarstellung» ein waches Ins-Dasein-Treten und mit dem Herbstzug ein allmähliches abendliches Wiedereindämmern. Jährlich wird dieser Rhythmus von schätzungsweise mindestens fünf Milliarden Vögeln getragen (die sich zu etwa 70 Milliarden in den afrikanischen Tropen hinzugesellen).[85]

In diesem Pendelschlag zwischen Sich-Zurückziehen und In-Erscheinung-Treten kann der Rhythmus entdeckt werden, sich einmal pro Jahr auf die Nacht- und einmal auf die Tagseite, einmal auf die Sonnenseite und einmal auf die Mondseite zu begeben. Der Tag, als die Hälfte, in der die Welt erscheint, und die unter dem Zeichen der Sonne steht. Die Nacht, als die Hälfte, die unter dem Zeichen des Mondes steht, und in der die Welt nicht in Erscheinung tritt, in der die Sonne nicht regiert.

Mit der Frühjahrssonne steigt der Trieb, wird um die Braut geworben, wird ein farbiges Kleid angelegt, es wird getönt, gesungen. Im Herbst tritt man zurück und regeneriert. Tatsächlich also begeben sich die Vögel auf diese Weise einmal im Jahr auf die Sonnenseite und einmal im Jahr auf die Schattenseite – des Mondes. Offenbar also leben die Vögel noch immer auf dem alten Mond.

Und bemerkt man dann im Herbst, wie sich die Finken zu Schwärmen sammeln, und macht man sich dabei – aufgrund der vorhergehenden Betrachtungen – klar, was sich da gerade abspielt, nämlich das Wiederzusammenkommen nach der Aussendung in die Vereinzelung im Frühjahr, das Sich-wieder-Versammeln unter die «Fittiche» der Gruppenseele, dann kann einem vielleicht – und dann tief berührend – aufgehen, welche Seelenfreude sich da gerade vor einem abspielt!

Vom Überwintern in den Sümpfen

Das heutige Wissen um den Vogelzug ist innerhalb der Bewusstseinsentwicklung der Menschheit vergleichsweise jung. Erst durch die Methoden der Vogelberingung, der Satellitentelemetrie und schließlich moderner Kameratechnik etc. wurde Stück für Stück der Vogelzug zu einem sinnesartig nahezu durchgehend verfolgbaren Ereignis. Daher finden wir in antiken Literaturquellen Ansichten, die uns heute recht fremd anmuten müssen, so etwa bei Aristoteles. In seiner ursprünglich in griechischer Sprache verfassten, 19 Bücher umfassenden Naturgeschichte der Tiere (lateinische Titel: De historia animalium, De partibus animalium und De generatione animalium) befasste er sich auch mit den Zugvögeln. Er unterschied offenbar schon zwischen Arten, die in andere Breiten ziehen, solchen, die im Winter und bei kaltem Wetter von den Bergen in die Ebenen kommen, und solchen, die einfach überwintern. «Die Darstellungen des Aristoteles sollten für 1500 Jahre Gültigkeit haben. Allerdings wurden auch manche Vorstellungen, dass zum Beispiel Schwalben im Schlamm der Sümpfe ihren Winterschlaf hielten, ungeprüft bis zum Ende des Mittelalters weitergegeben.»[86]

Erst zu Beginn des 13. Jahrhunderts wurden die Werke des Aristoteles ins Lateinische übersetzt. Es war der große Gelehrte Michael Scotus, der am Hofe des Staufenkaisers Friedrich II. wirkte. Friedrich II. seinerseits ist ja unter anderem auch durch seine Leidenschaft für die Falknerei und sein berühmtes Falkenbuch ein Markstein der europäischen Geschichte der Ornithologie.[87]

Durch die Übersetzung des Michael Scotus wurden auch Albertus Magnus (1193–1280) und sein Schüler Thomas von Aquin (1225–1274) mit den Schriften des Aristoteles bekannt. Zu vielen Schriften des Aristoteles verfasste Albertus Magnus dann eigene Kommentare, «darunter auch einen Kommentar zur ‹Geschichte der Thiere›, der sich ‹De animalibus libri XXVI› benennt und im 23. Buch von den Vögeln handelt».[88]

Doch zurück zur Jetztzeit: Wie erleben eigentlich wir Normalsterblichen den Vogelzug? Vielleicht hatten wir einmal das Glück, durch schnalzende, tropfige Rufe auf die zuvor vielleicht unbemerkte Ansammlung von Mehlschwalben am blauen Herbsthimmel aufmerksam geworden zu sein. Der unvermittelt erhobene Blick sieht, wie sich hunderte von Schwalben dort oben sammeln, erst noch vielfach – scheinbar ungeordnet – durcheinanderweben, um dann doch im weiteren Aufsteigen geschlossen gen Süden abzuziehen. Der von diesem Schauspiel selbstvergessene Blick träumt den kleinen, verschwindenden Punkten noch eine Weile nach, bis sie sich ganz in den blauen Äther verloren und aufgelöst haben. – Vielleicht hat man auch das Glück, dass ein Freund, weiter südlich wohnend, ein, zwei Tage später von durchziehenden Mehlschwalben berichtet – «Waren es vielleicht dieselben, die mir vor zwei Tagen in die Himmelsweiten entschwanden? Die sich jetzt dort haben wieder erblicken lassen?» –, ihre Spur verliert sich schließlich doch – endgültig. Der Winter kommt, Schnee verdeckt die Welt. Ein Spaziergang führt am Schilf vorbei. Man erinnert sich mit einem Male wieder an die Schwalben, die hier in den lauen Sommerabenden in ihren eleganten Flügen Insekten jagten. Diese Erinnerung scheint mit dem Sumpf und dem Schilf verbunden. Ja, es scheint sogar noch mehr als eine bloße Erinnerung: Ähnlich wie auch eine fröhliche Feier in dem Saal, in dem sie begangen wurde, Spuren festlicher Stimmung hinterlässt, so hinterlassen auch die einzelnen Vogelarten auf dieser Erlebnis-Ebene ihre Spuren – vor allem für die, die als Zeuge oder als Festesgast dabei waren. Man denke beispielsweise an den Pirol, der etwa ab Anfang Mai mit seinen gelb-schwarz-roten Farben und mit seinem fruchtig-füllenden Gesang tropische Anmutung in den europäischen Laubwald bringt. Und geht man dann im Spätsommer durch den inzwischen verstummten Wald, so hört man vielleicht doch innerlich erneut den hallig klingenden Tropenruf des Pirols. – Doch zurück zur Mehlschwalbe. Irgendwann im nächsten Frühjahr taucht sie wieder auf. Lebendig erscheint sie uns wieder wie eh und je in schwungvollen Bögen über ländlichen Röhrichten und städtischen Hausfirsten ... So erscheint sie in einem großen Atem zwischen Dasein und Verschwinden, zwischen sinnlicher Ortbarkeit, sich Auflösen im Äther und Stimmungs-Spuren Hinterlassen, dort, wo sie sich im Frühjahr und Sommer anschaulich aufgehalten hatte. – So unrecht hatte Aristoteles also vielleicht doch nicht ...

Kapitel VII:
WARUM SINGEN VÖGEL?

Wer die Frage «Warum singen Vögel?» mit dem Konzept von Konkurrenz und Partnerwerbung beantworten will, geht allein schon aus methodischer Hinsicht am Ziel vorbei. Denn Partnerwerbung findet sich nun einmal durch das ganze Tierreich hindurch, ist also kein Spezifikum der Vögel. Es kann also gar nicht wundern, dass bei einer Tierordnung, die das «Singen» als einen Aspekt ihrer Lebensäußerungen gewählt hat, das «Singen» auch eine Rolle beim Partnererwerb spielt.

Die Antwort auf die Frage «Warum singen Vögel?» muss daher auf einem ganz anderen Wege gesucht werden. Sie muss von der Suche nach der Natur, nach dem Wesen des Vogel-Seins ausgehen: Was macht den Vogel aus, sodass er singt? Oder anders: Was bedeutet es, wenn man singt, und was sagt das dann über das singende Wesen aus?

> *Im Baum, du liebes Vöglein dort,*
> *was ist dein Lied, dein Lied im Grund?*
> *Dein kleines Lied ist Gotteswort,*
> *dein kleiner Kehlkopf Gottes Mund.*

> «*Ich singe*» *singt noch nicht aus dir,*
> *es tönt die ewige Schöpfermacht*
> *noch ungetrübt in reiner Pracht*
> *in dir, du kleine süße Zier.*

Christian Morgenstern[89]

Der Vogel singt – in erhobener Stimmung

Man frage sich einmal, in welchen Situationen man zu singen beginnt. Meist ist man dabei gut gelaunt, *erhobener* Stimmung. Beim täglichen Abwasch (wenn man die Alltags-Anforderungen vergisst), beim Fahrradfahren durch eine schöne Landschaft ... Kleine Kinder fangen besonders gern an zu singen, wenn sie auf den Schultern der Erwachsenen sitzen, sie also ihre Gliedmaßen vergessen dürfen, in einem von der Erde abgelösten Zustand.
Auch wir geben uns tönend – dann, wenn unsere Seele beschwingt, angeregt ist. Und das zuerst gar nicht einmal mit einem Ziel, mit einer Absicht, etwa anderen etwas mitteilen zu wollen, sondern – meist unbewusst – um uns mit einer Stimmung zu umgeben, diese herbeizulocken, sie zu genießen. Anfangs vielleicht nur innerlich, dann als Nächstes fangen wir zu singen an, und schließlich wollen wir es doch noch jemand anderem mitteilen, was für eine Stimmung wir aufgefangen haben. Und mag sein, dass

wir dann mit demjenigen sogar im Duett singen, nun gemeinsam die Stimmung genießen ... Nicht immer mündet das in einem harmonischen Duett, oft genug kann das auch wettgesangartige Zustände annehmen ...

Walther Streffer unterscheidet daher auch die drei folgenden, verschiedenen Gesangstypen: Kampfgesang, Motivgesang und sphärischer Gesang.[90] Damit erfasst er meines Erachtens sehr gut das Bild zunehmender Hingabe des Einzelvogels an dasjenige, das zur Sangesstimmung erhebt. Folgt man dieser Unterteilung, so beziehen sich die folgenden Betrachtungen vor allem auf den Motiv- und auf den Sphärengesang der Singvögel.

Die Singvögel, diese «Kindsköpfe», singen in erhöhter Stimmung – in Raum und Zeit. Im Raum suchen sie gerne erhöhte Warten auf, um die Stimmung zu finden, die ihre Kehle beflügelt.[91] In der Zeit – wie wir in Kapitel III sahen – suchen sie gerne den Morgen auf, aber auch den Abend, den Frühling, teils den Herbst, suchen milden Regen, die wärmende Sonne, erhellendes Streulicht – von Art zu Art verschiedene Situationen, in denen sie sich erheben lassen können.[92]

> *Die blätterlosen Pappeln stehn so fein,*
> *so schlank, so herb am abendfahlen Zelt.*
> *Die Amseln jubeln wild und bergquellrein,*
> *und wunderlich in Ahnung ruht die Welt.*

Gespenstische Gewölke, schwer und feucht,
zerschatten den noch ungesternten Raum
und übergraun, im sinkenden Geleucht
Gebirg und Grund, ein krauser, trunkner Traum ...

Christian Morgenstern: Vorfrühling

Was aber macht die Vögel in solchen Situationen so «erhoben»? Wohinein geraten sie, dass sie zu singen, zu jubilieren beginnen, aus voller Kehle? Unermüdlich, tausendfach, Tag für Tag! Wohinein werden sie gehoben, sodass sie von dem, was aus ihnen erklingt, vollkommen ergriffen werden, so nämlich dass ihr ganzer Leib erzittert – denn so nimmt sich doch das Erlebnis aus, wenn man einen singenden Vogel beobachtet, und vielleicht weniger, dass er etwas aus sich heraussetzt! Man vergegenwärtige sich hierzu einmal den Anblick eines singenden Staren-Männchens: Das Ergriffensein durch das, was aus ihm zum «Gesang» gedeiht, gipfelt schließlich darin, dass er sich flügelrotierend, den Kopf im Nacken mit geöffnetem Schnabel ganz an den Umkreis verliert. Oder man denke auch an den fledermausekstatischen Singflug vom Grünfink oder vom Girlitz, um nur einige Beispiele zu nennen. Wer also ergreift die Vögel, erhebt sie, lässt sie singen? Wolter Bos beschreibt dieses Sich-Erheben als eine Art religiöse Hinorientierung des Einzeltieres zu dem ihm zugehörigen Gruppenwesen.[93]

Der Frühling kam, der Weltbefreier,
Die Erde lebt und grünt und blüht,
Am Himmel keine Wolkenschleier,
Und ohne Wolken das Gemüt.

Die Vögel und die Menschen singen,
Und wie die Lerche himmelwärts,
Will sich empor zur Gottheit schwingen
Im Dankgebet das Menschenherz.

O Herz! Es brach die Frühlingssonne
Des Winters Ketten wohl entzwei,
Wohl ziemt der Erde Dank und Wonne;
Doch bist auch Du von Ketten frei?

Theodor Fontane: Frühlingslieder, II

Rudolf Steiner schildert die Vogelstimmen als ein Erklingen von Höherem, als eine Art Weltentatsache, die von höheren Wesen, von Gruppenseelenwesen gewollt wird und vom einzelnen Vogel vollzogen wird. Das, was der einzelne Vogel dabei macht, ist als ein Real-Bild zu betrachten, das etwa unserem religiösen Hinwenden zum Göttlichen entspricht: Im Singen sucht der Vogel seinen ihn inspirierenden Ursprung auf.[94] Den sucht der Vogel aber nicht als etwas im menschlichen Sinne *Äußerliches*, Sichtbares oder Hörbares auf, sondern innerlich sich dem (für uns Menschen) Übersinnlichen zuwendend.

Das Tier, der Vogel unterscheidet noch nicht zwischen der Sinnes- und der Denkseite.

Das also müssen wir angesichts eines singenden Vogels mitsehen und mithören lernen: das Ereignis des Erfasst-, Inspiriert-, ja Besungenwerdens durch ein höheres Wesen. Unsere konkrete Anschauung von der Welt wird dadurch eine andere.

Man trage probehalber diese Betrachtungsweise einmal in den Alltag hinein. Wie mutet dann etwa eine Amsel an, die ihren Schnabel geschlossen hält, deren Gesang aber deutlich vernehmbar zu hören ist?

Vielleicht klingt dann auch der folgende Gedankengang gar nicht mal mehr so abwegig: So, wie das Radio von der Potenz zu erklingen umgeben ist, so auch die Amsel. Die Amsel nimmt, um zu erklingen, mit ihrer Gottheit Bezug auf. Und das Radio? …

Kurz: Scheint es, so betrachtet, nicht geradezu unsachgemäß, den Gesang der Vögel als eine Kommunikation unter den Einzeltieren auffassen zu wollen? Hierzu aber tendiert die moderne Forschung. Die Auffassung Rudolf Steiners ist demgegenüber ein Aufruf zu einer wesensgemäßen Anschauungsweise des singenden Einzelvogels als einen solchen, durch den die «Stimme» seines Gruppenseelenwesens ertönt:

«Wenn es auch Tierwesen gibt, welche heute schon tönen können, so ist das doch etwas anderes; sie stehen noch in ganz anderen Zuständen, zwar tönen sie, aber es tönt die Gottheit in ihnen. Das Aussprechen des inneren Seelenhaften in Worten wurde dem Menschen erst auf der Erde zuteil. Vorher waren die Menschen stumm. Diese Fähigkeit des Wortes kam an das Menschenwesen also mit dem Erdendasein heran.»[95]

Die Vögel singen mit dem sogenannten «unteren Kehlkopf», mit der sogenannten «Syrinx» (am Übergang der Luftröhre in die beiden Hauptbronchien) – im Gegensatz zum Menschen, dessen Stimme am «oberen Kehlkopf», am Larynx ansetzt. Syrinx bedeutet übersetzt: Flöte des Pan. In den Kehlen der Singvögel erklingt die Weisheit des Pan.

Ars longa

*Der Atem
in einer Vogelkehle
der Atem der Luft
in den Zweigen.*

*Das Wort
wie der Wind selbst
sein heiliger Atem
geht es aus und ein.*

Immer findet der Atem
Zweige
Wolken
Vogelkehlen.

Immer das Wort
das heilige Wort
einen Mund.

Hilde Domin[96]

Dennoch bleibt es eine kniffelige – und weitreichende – Frage, die Frage: Wer singt, wenn wir (Menschen) singen, und wer singt, wenn die Vögel singen? – Wird ein Vogel je so erleben können, dass er – könnte er reden – sagen würde «Ich singe!», so wie wir es sagen können: «Ich singe.»?

Wohl muss man mit dem Blick auf den einzelnen, singenden Vogel sagen: *Es* singt. Und wo ist dann dieses «Es», dieses «Ich», das da singt?

Bei einem Tier spricht unser Ich-Sinn (im Normalfall) nicht an. Das heißt: Es gibt in diesem Fall kein sinnliches Ich-Angebot, wie es aber indes bei der Begegnung mit einem anderen Menschen der Fall ist. Wir haben damit beim Tier keinen Anlass, sein Ich in der physisch-sinnlichen Welt aufsuchen zu wollen. Daher kann auch der Einzelvogel kein Ich-Träger sein. Erleben wir indes doch einmal so etwas wie eine Ich-Erfahrung in Tierbegegnun-

gen, so ist diese eben eine nicht-sinnliche beziehungsweise übersinnliche Erfahrung, die damit – wie gesagt – nicht allein auf das Einzeltier fokussiert werden kann.
Die Frage, wo das Ich des singenden Vogels ist, spitzt sich – so betrachtet – zu! Der singende Einzel-Vogel lebt zwischen einem «Be-Stimmt-Werden» und einem seelischen Aufgehen in dem, was sich durch ihn gerade ereignet. Zwar erfreut er sich an seinem Dasein, und doch fehlt ihm ein Ich, wie es dem Menschen eignet. So haben wir es einerseits mit einer Art ichfreiem Seelenwesen beim Einzeltier zu tun. Andererseits aber müssen wir lernen, mit dem singenden Einzelvogel das ihn inspirierende, durch ihn sich offenbarende höhere, übersinnliche Ich-Wesen mitzusehen, mitzuerleben, das beispielsweise zu den vielen morgendlich singenden Amseln gehört. So kann das Weben des Amselgesanges am Morgen über einem grünstädtischen Dächermeer zu einem ganz neuen, imaginativen Erlebnis werden: Ein großes Amselwesen liegt über der Stadt ...

Hinwendung zum Gruppen-Ich: Über-Zeugung

Durch die Schilderungen Rudolf Steiners über die Gestaltungen der Johanni-Fest-Zeit frühester Menschheitskulturen, die noch kein individuelles Ich entwickelt hatten, erhalten wir ein Bild und vielleicht auch eine Empfindung für das Geschehen, in das sich Jahr für Jahr unsere Singvögel hineingestellt finden: Von Mysterienpriestern angeleitet wurden Verrichtungen durchgeführt, durch die die damaligen Menschen eine Art Ich-Bewusstsein bekamen,

«*wobei ihnen allerdings das Ich als etwas erschien, das von außen her in die Träume hereinkam. Um das zu bewirken, wurden in den ältesten Hochsommerfesten, in den Festen der Sommersonnenwendezeit, die dann unsere Johannifeste geworden sind, die Teilnehmer angeleitet, ein musikalisch-poetisches Element zu entfalten voll von Gesang begleiteter, streng rhythmisch angeordneter Reigentänze. [...] Der Mensch strömte das, was er in seinem Traumbewusstsein hatte, in musikalisch-sanglicher, in tanzartiger Weise in den Kosmos hinaus. [...]*

Aber wenn man diese alten Menschen, die die Anleitungen hatten, gefragt hätte: Ja wie kommt man denn eigentlich darauf, solche Gesänge, solche Tänze zu bilden, durch welche das, was ich geschildert habe, geschehen kann? [...]

Sie hätten zum Beispiel gesagt: [...] Das lernt man von den Singvögeln. – Aber sie haben eben in einer tiefen Weise verstanden den ganzen Sinn dessen, warum eigentlich die Singvögel singen. [...] Denn wenn in einer bestimmten Jahreszeit die Lerchen, die Nachtigallen singen, dann dringt das, was da gestaltet wird, nicht durch die Luft, aber durch das ätherische Element in den Kosmos hinaus, vibriert im Kosmos hinaus bis zu einer gewissen Grenze; dann vibriert es zurück auf die Erde, nur hat sich dann mit ihm das Wesen des Göttlich-Geistigen des Kosmos verbunden. Und so ist es, dass die Nachtigallen, die Lerchen ihre Stimmen hinausrichten in das Weltenall und dass dasjenige, was sie hinaussenden, ihnen ätherisch wieder zurückkommt für den Zustand, wo sie nicht singen, aber das ist dann durchwellt von dem Inhalte des Göttlich-Geistigen. […]

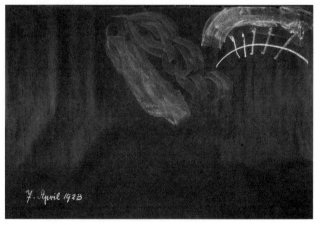

Tafelskizze Rudolf Steiners zum Singen der Vögel

Das Lied, das aus der Kehle hinausströmt in Weltenweiten, kommt als Segen der Erde wiederum zurück, befruchtend das irdische Leben mit den Impulsen des Göttlich-Geistigen, die dann weiterwirken in der Vogelwelt, und die nur innerhalb der Vogelwelt wirken können, weil sie den Weg hereinfinden auf den Wellen desjenigen, was ihnen hinausgesungen wird in die Welt. [...]
Und es gehörte noch etwas anderes zu jenen Festen: nicht nur das Tänzerische, nicht nur das Musikalische, nicht nur das Gesangliche, sondern hinterher das Lauschen. Erst wurden die Feste aktiv aufgeführt, dann gingen die Anleitungen dahin, dass die Menschen zu Lauschern wurden dessen, was ihnen zurückkam. Sie hatten die großen Fragen an das Göttlich-Geistige des Kosmos gerichtet mit ihren Tänzen, mit ihren Gesängen, mit all dem Poetischen, das sie aufgeführt hatten. [...] Also erhoben sich die Wirkungen der menschlichen Festesverrichtungen und kamen jetzt zurück [...] als etwas, was sich als die Ich-Gewalt im Menschen offenbarte.»[97]

Das für den Vogelzug von Rudolf Steiner gegebene Bild vom «Brautzug» der Vögel im Sommerhalbjahr gewinnt durch diese Betrachtungen zum Gesang der Vögel eine neue Beleuchtung: Das Gruppen-Ich als Braut und Bräutigam zugleich, für deren Vermählung die Vögel weite Reisen unternehmen – Jahr für Jahr aufs Neue: Im Winter findet der Einzelvogel zurück ins Gruppen-Ich, im Sommer dient er dem Vollzug des Hochzeitgeschehens in der Hingabe an das ihn leitende und bestimmende Gruppen-Ich für die Zuwendung zum anderen Geschlecht.

«Der Frühlingszug der Vögel ist in Wirklichkeit nichts anderes als eine Art Brautzug. Bei diesen Wesen ist das Geschlechtliche noch in der Umwelt, und die kosmische Kraft ist die dirigierende Macht, die den Zug von außen lenkt und leitet, während bei den anderen Wesen diese Kraft eingezogen ist in die einzelnen Leiber. Dieselben Kräfte, die im Innern des Menschen, in seinem Leibe wirken, wirken auch im äußeren Makrokosmos. Dieselbe Kraft, die Mensch und Mensch zusammenführt, die im Leibe des Menschen als Geschlechtskraft wirkt, wirkt bei der Vogelspezies nicht im Innern der Wesen, sondern von außen und drückt sich in dem äußeren Zuge der Vögel um den Planeten aus.»[98]

Wenn Vögel also in erhobener Stimmung singen, wenn sie dabei von einem höheren Wesen (einem Ich-Wesen) getragen werden, so darf wohl angesichts des in Kapitel III geschilderten Verlaufes des morgendlichen Vogelgesanges auch gefragt werden, wer denn morgens dieses machtvolle höhere Ich-Wesen ist, der gleich alle Vögel und mit ihnen auch den Menschen erhebt. Insofern dieses Geschehen mit dem Aufgang der Sonne zu tun hat, so darf man wohl von einem Sonnenwesen sprechen. Diese Gegebenheit beim Belauschen des morgendlichen Vogelkonzertes mit im Sehen und Hören zu haben, erst das verleiht diesem – großen, tagtäglichen – Ereignis seine ihm angemessene Würde.

Die Sprache der Vögel verstehen lernen

Die Bedeutung der Vogelstimmen wird sich einem erst dann erschließen können, wenn man sich ihr *Erscheinen für den Hörbereich* bewusst macht und zum Erlebnis bringt: als Mitteilungen des Kosmos, nicht als etwas «Biologisches».

Man stelle sich weiter einmal vor, es gäbe so etwas wie den Kehlkopf (für die Welt der Töne) auch für Gerüche, für Farben. Dann könnten uns andere Lebewesen ständig mit Farberlebnissen und Gerüchen «bereichern». Dass dies nicht der Fall ist, macht auf die Sonderstellung des Erklingens von Vogelstimmen aufmerksam. Vögel «stimmen» unmittelbar in uns ein. Sie inspirieren unmittelbar unsere Seelenwelt. Umso mehr drängt damit die Frage danach auf, was sie uns da eigentlich mitteilen!?

Siegfried besiegt den Drachen und lernt dadurch die Sprache der Vögel verstehen
(Statue im Bürgerpark in Bremen. Photo: Rami Tarawneh)

Oft genug hören wir in einem Gespräch nur auf die Worte, auf den Gedankeninhalt des anderen – und oft genug sind wir dadurch wie taub für das, was er uns eigentlich mitteilen will. Wir horchen nicht auf die Art und Weise, *wie* er etwas sagt, in welchem Tonfall, Rhythmus etc. Kurz: wir lauschen nicht auf den «Unterton», wir lauschen nicht hindurch zu der zu uns sprechenden Seele.

Weil wir gewohnt sind, bloß auf den gedanklichen, begrifflichen Inhalt von Verlautbarungen zu hören, fällt es uns so schwer, die Lautgebungen der Tiere, etwa die der Vögel, auch als eine «Sprache» zu hören, sie zu verstehen.

Hierbei stehen uns nicht nur unsere intellektuellen Gewohnheiten im Wege, sondern oft genug auch unsere eigenen Gefühle, die wir unhinterfragt dem anderen überstülpen. Unsere eigene Gefühls- und Wunscheswelt steht dem Hindurchhören auf die Gefühle, auf die Seelenlage des anderen im Wege. Um die Sprache der Vögel verstehen zu lernen, ist es daher notwendig, den eigenen «Drachen» zu überwinden, das heißt die eigenen Gefühle zu läutern und sie zu Wahrnehmungsorganen auszubilden. Hiervon erzählt – so Rudolf Steiner – die Siegfried-Sage.

«Das ist ein bedeutsamer Zug, dass Siegfried, der Sprössling der alten Götter und sozusagen mit Wotan selbst verwandt, in seiner Jugend berufen ist, den Lindwurm,

den Hüter des Goldes, zu überwinden. Dadurch wird ihm die Kraft, durch die er seine Macht erlangt. Durch wenige Tropfen vom Blute des Lindwurms, die er an seine Lippen bringt, ist er imstande, die Sprache der Vögel zu verstehen; er vermag also einen tiefen Blick in die Natur zu tun und verborgene Weisheit in sich aufzunehmen.» [99]

«Daher ist es ein so Großes, wenn einmal mythisch dichtend hingewiesen wird auf dieses Urphänomen des Seelenlebens, wenn uns zum Beispiel von Siegfried erzählt wird, dass es einen Moment für ihn gab, wo er die Stimme der Vögel verstand, die es nicht bis zum menschlichen Worte bringen, die es nur bringen bis zu der Gestaltung von Lautzusammenhängen. Aber was uns wie eine Quelle des inneren Lebens an die Oberfläche plätschert in dem Gesang der Vögel, der Stimme der Vögel, das lebt ja in allem Lebendigen. Das ist es aber gerade in allem Lebendigen, was wir nicht nachleben können, wenn wir bloß dem Worte zuhören, was das Lebendige einsperrt in sein innerliches Seelenkämmerchen. Denn wenn wir dem Worte zuhören, dann hören wir, was der Kopf des andern erlebt. Wenn wir aber das innerlich erfassen, was von Silbe zu Silbe, von Wort zu Wort, von Satz zu Satz in der imaginativen Sprachgestaltung lebt, dann erfassen wir nicht bloß das, was im Kopfe, sondern das, was namentlich im Gemüte des andern Menschen lebt.

Wenn wir hören auf das, was uns der Mensch in Worten vorspricht, hören wir, wie fähig er ist; wenn wir aber hören können auf seinen Wortklang, auf seinen Wortrhythmus, auf seine Wortgestaltung, dann hören wir den ganzen Menschen. Und wie wir den ganzen Menschen hören, so gelangen wir – wenn wir uns aufschwingen zu dem Erfassen des begrifflosen, wortlosen Lautgestaltens, das nun auch nicht selber gehört wird, das innerlich erlebt wird – zum Erfassen desjenigen, was die Empfindung objektiv innerlich erlebt. Und indem wir wiederum uns so hineinfinden in eine ganz andere Seelenverfassung, wo das Lautesprechen nebenherging, wo aber die Seele lebte im Rhythmus, im Takt, in dem melodiösen Thema, wo das ein Lebendiges im Seelenerleben war, da kommen wir in eine Zeitepoche zurück, die jenseits des Griechischen nach dem Altertum zu liegt; da kommen wir zurück in jene Epoche, wo die Menschen aufstiegen vom Erfassen der bloßen Metamorphose im Lebendigen zu dem Erfassen von dem, was in der Tierheit, was in der empfindenden Welt lebt, zu dem unmittelbaren Anschauen dessen, was in der empfindenden Welt lebt.»[100]

Rudolf Steiner schildert in seinem zentralen Schulungsbuch «Wie erlangt man Erkenntnisse der höheren Welten?» grundlegende Übungen für das Hören, um die Sprache der Natur verstehen zu lernen: Man soll zum

Beispiel den Klang einer sogenannten leblosen Schallquelle mit dem Klang vergleichen, der von einem Tier oder einem Menschen ausgeht. Hierbei geht es darum, alle Sympathie und Antipathie zurückzustellen. In den belebten Lauten soll darauf geachtet werden, was an Seelischem darin mitklingt. Das gilt es, immer und immer wieder von neuem zu üben.

«Die ganze Natur fängt an, dem Menschen durch ihr Ertönen ihre Geheimnisse zuzuraunen. Was vorher seiner Seele unverständlicher Schall war, wird dadurch sinnvolle Sprache der Natur. Und wobei er vorher nur einen Ton gehört hat, beim Erklingen des sogenannten Leblosen, vernimmt er jetzt eine neue Sprache der Seele.»[101]

Die Sprache der Vögel verstehen zu lernen, hieße also nicht nur zu fragen, was sich die Vögel untereinander zu sagen haben, sondern: *was* teilen sie beziehungsweise *wer* teilt sich uns Menschen und der Erde mit? Als eine sich vollziehende höhere Weltentatsache erklingen Vogelstimmen für das menschliche Ohr (und für die Erde). Sie können daher nicht losgelöst von Mensch (und Erde) betrachtet werden (siehe auch Kapitel VIII).

Eine Betrachtung der Vogelstimmen aus diesem Ansatz heraus beginnt damit, die Äußerungen – das ist die gesamten sinnlichen Erscheinungen – eines Tieres, eines

Wesens als Beschreibungen seiner selbst aufzufassen. Das bedeutet für das eigene methodische Vorgehen: beschreibe, *wie* der Vogel singt, *wie* er gefärbt ist, *wie* er sich bewegt, *wie* er gestaltet ist etc. Im inneren Zusammenklang all dessen offenbart sich das Gruppenwesen einer Vogelart. Der Vogel ist damit weder das «Federbällchen» dort auf dem Zweig, in dem Sinne, dass es als Ursache dessen betrachtet wird, was wir als Vogelgesang entgegennehmen. Noch ist sein Gesang Ursache für das «Federbällchen». Vielmehr ist all das, was sich mir in Anbetracht aller sinnlichen Erscheinungen als stimmungsartiger, gebärdenartiger Zusammenklang in der eigenen Seele offenbart, als wesentliche Ur-Sache aller äußeren Erscheinung aufzufassen.[102]

Vergleicht man den Vogelgesang etwa mit einem Geräusch oder mit einem Alphornspiel, so kann unmittelbar bemerkt werden, dass man zwar bei den Vogelstimmen von «erklingen», «singen» etc. reden darf, dass wir es aber im engeren Sinne keinesfalls mit Musik zu tun haben. Wohl kann man die Intervalle des Kohlmeisengesanges bestimmen, doch lebt der so vorgebrachte Klang selbst noch lange nicht im Intervallischen. Man darf wohl vielmehr von einer Art bewegungsartigem Erleben im Vogelgesang sprechen: Der Vogel lebt, bewegt sich in den Tönen – so wie er auch in seinen Gliedmaßen lebt und sich darin bewegt:

«Und gehen Sie dann über zu dem, was am meisten an den Menschen herandringt, zu der Stimmentwickelung der Vögel. [...] wenn Sie hinausgehen und ein Insekt, die Zikade oder irgendein anderes Insekt, durch die Bewegung der Glieder einen Ton hervorbringend haben: Sie gehen an das Insekt heran. Sie können unmöglich bei diesem Konsonantisieren, beim Anblick des Insektes den Eindruck haben, das will Ihnen etwas sagen. Sie bleiben stehen bei der Auffassung einer Tatsache, die im Tun liegt. Sie gehen zu denjenigen Tieren, die muhen oder meckern oder brüllen. Wiederum haben Sie die Auffassung nicht, dass das über Abwehr, über Wohlgefühl hinaus zu einem inneren Erleben kommt. Es geht nichts ins Innere. Sie haben bei der Stimmentwicklung der Vögel das deutliche Gefühl: das Musikalische lebt nicht in ihnen. Ja, Sie haben die natürlichste Empfindung gegenüber der Stimme der Vögel, wenn Sie mit irgendeiner Stimmgestaltung der Vögel vergleichen den Flug, die Bewegung der Flügel, es ergibt sich ein harmonischer Einklang zwischen der Außenbewegung, dem, was der Vogel außen macht, und demjenigen, was er als Stimme entwickelt.»[103]

Damit soll nicht bestritten werden, dass der seinerseits musikalisch empfindende Mensch sich durch die Klänge der Vögel zum Musizieren, ja Komponieren inspirieren lassen kann, wie das ja auch von großen Komponisten wie Mozart oder Messian durchaus bekannt ist.[104] Aber man kommt dem, wie der Vogel in seiner eigenen Stimmgebung lebt, viel näher, wenn man die Art, wie er sich im Stimmlichen äußert, mit dem vergleicht, wie er sich in und mit seinen Gliedmaßenbewegungen darlebt.

Über-Zeugung beim Erlernen von Vogelstimmen

Sobald man auf diese sich in der Sinneserfahrung darstellende Wesenswelt lauscht, begibt man sich über das bloß Sinnliche hinaus, auf die Schicht, die nachklingt, wenn der Vogelgesang weder für das äußere noch für das innere Ohr zu vernehmen ist – so wie der große Entschluss des Schweigens, wie das Verstummen der Vogelstimmen um die Johanni-Zeit in der eigenen Seele eine bewegte, beschwingte Fülle und Vielfalt wieder aufklingen lässt, gleichsam als «Nachbeben» des Vogelstimmen-Erlebnisses vom aufsteigenden Frühjahr. Wie so oft, bemerken wir auch hier erst im Nachhinein, wie sehr wir beschenkt wurden.

Einen ersten – meist unbemerkten – Einstieg in diese Wesenswelt unternimmt man, wenn man sich auf den Weg macht, die Vogelstimmen artlich bestimmen zu wollen, ihnen Namen geben zu wollen. Oft genug wird

Der Kleiber: Nur durch die innere Über-Zeugung im Menschen
können seine verschiedenen
Lautgebungen als zu einer Vogelart gehörig erkannt werden
(Zeichnung: HCZ)

beispielsweise die Frage gestellt, ob man das Bestimmen der Vogelstimmen von der CD lernen könne. Mit der CD jedoch lernt man nicht durch sein Herz (par cœur, wie der Franzose sagt), sondern man merkt sich *auswendig, äußerlich* diese konkrete Aufnahme der Vogelstimme. Geht man dann hinaus in die Natur, ist man hoffnungslos verloren. Keine der Stimmen draußen klingt so wie die von der CD auswendig gelernte!

Lernt man stattdessen unmittelbar vom Belauschen der Vogelstimmen in der Natur, ist man gezwungen, nicht auswendig, sondern eben «par cœur», mit dem Herzen zu lernen. Das heißt hindurchzuhören, auf das, was der Vielfalt der Variationen der verschiedenen Klänge (einer Art) vielleicht doch als Gemeinsames zugrunde liegen könnte. Ein gutes Beispiel ist der Kleiber (Sitta europaea, auch Spechtmeise genannt), dessen verschiedenen Lautgebungen für den Anfänger zunächst verwirrend unterschiedlich sind. Oft genug verursacht der Kleiber damit ein rechtes Durcheinander: «Was, dieser Ruf soll auch schon wieder der Kleiber sein? Wie soll ich mir denn das bloß merken?»

Ist man aber immer und immer wieder auf Vogelstimmenexkursionen mitgegangen, hat man sich selbst immer wieder bemüht, den Kleiber zu beobachten und zu belauschen, dann, irgendwann, stellt sich – wie selbstverständlich – das Erlebnis und damit auch das sichere Wissen davon ein, dass all die verschiedenen Klänge zu *einem* Wesen gehören. Äußerlich sind sie zunächst nicht zusammenzuhalten, nur innerlich erweisen sie sich als «Kleiber».[105]

Und sogleich stellt sich die Frage, wer uns da mit einem Male sagt, dass dieser Klang sowohl wie jener Klang zu ihm gehöre? Man kann auch fragen: Wer ist da – von nun an – mit einem Male mit uns?

Die CD verführt zu der Illusion der dauerhaften, gegenstandsgleichen Verfügbarkeit von Klängen. Jede Vogelstimmenäußerung in der Natur aber ist ein einmaliges Ereignis. Etwas taucht auf, man lauscht ... und schon ist es wieder verschwunden. Und das Nächste ist sicher nicht wie das Vorhergehende. – Wie aber soll man sich nicht-wiederholbare Ereignisse merken? Das geht nur, wenn man versucht, sie innerlich wieder nachzuschaffen. Man bietet dem Erlebnis, das immer noch in der Seele verblieben ist und nach dem man wieder suchen kann, sozusagen verschiedene Kleider an, sich darin neu zur Offenbarung zu bringen: «Was war das für eine Geste, welcher Farbton wäre zuzuordnen? Was ist das für eine Stimmung, was für ein Temperament, was für eine Bewegung?» Oder man bringt die verschiedenen Erlebnisse in Reihen: «Klang es mehr wie ein Insekt oder mehr wie ein Säuger?»

Eine solche Bemühung übt und schult in zwei Richtungen: Im zunehmend klareren Erfassen der in der Seele haften gebliebenen Erlebnisse und im Übersetzen des Erlebens in ein äußeres Bild. Das Seelenerlebnis als solches ist ein Berührtsein der Seele durch ein Unsichtbares, Geistiges. Sein Haftenbleiben in der Seele entspricht der Teilhabe der Seele an diesem Wesen.

Auf diese Weise lernt man wie Siegfried die Sprache der Vögel verstehen. Die Seele schult ihre Erlebnisfähigkeit gegenüber den Welterscheinungen nicht für den eigenen Genuss oder die eigenen Begierden, sondern, um die in den Naturerscheinungen sich offenbarenden Wesen erkennen zu lernen. Sie gibt sich den Weltentatsachen hin – nicht ihren eigenen subjektiven Begierden und Wünschen, sondern dem objektiven Erleben. «Begierdenglut» (der eigene «Lindwurm») wird verwandelt zu objektiver Liebe. – Ein Beispiel: Wie gerne würde man doch das kleine Rotkehlchen dort auf dem Zweig, das so herzerwärmend singt, in die Hand nehmen! Wie süß doch dort die gelb-schwarze, so hübsch tirilierende Kohlmeise! Nur: Wo ist man mit diesen Gefühlsäußerungen? Mehr beim Vogel oder mehr bei sich selbst? – Man kann einen Schritt weitergehen, indem man sich fragt, was das denn eigentlich ist, was einen da so «süß» berührt. Kleinkinder, ob beim Menschen oder bei Säugetieren, verleiten uns schnell zum «süß». Und «Engel» wurden auch gerne in der Gestalt kleiner Kinder gemalt. «Süß» ist der Honig, der Nektar ... und auch ein Kuchen. Wie göttlich, ja himmlisch schmeckt uns doch gerade die sahnebehäubte Schokoladencreme als Nachspeise! «Süßlich» kann auch eine Stimme sein ... Und selbst der Tod ist süß; man denke an den schwer-süßlichen Geruchsanteil von Verwesendem ... Kurz: Das objektivierte Erlebnis «süß» meint offenbar auch so etwas wie Himmelsnähe, Nähe zum Geistigen! Und wie wir ganz am Anfang dieses Buches bereits gesehen haben, liegen wir damit beim Vogelwesen nicht ganz so verkehrt. Zunächst subjektiv erscheinende Erlebnisse können also mit entsprechender Zurückhaltung und Befragung durchaus Wesensgehalt tragen und vermitteln.

Und so formt auch jede Vogelstimme unsere Seele in artspezifischer Weise, gestaltet, plastiziert die Seele. Kosmische, göttliche Klänge sprechen in des Menschen Ohr und verleihen jedem Ort und jedem Moment, in dem sie erklingen, ihre Stimmung, ihre Atmosphäre, ihr So-Sein. – Vogelstimmen sind inspirierend für Mensch und Erde. Mit diesem Hintergrund kann nun in das Kapitel zur Ökologie der Vögel übergegangen werden.

Kapitel VIII:
SEELISCH-GEISTIGE ÖKOLOGIE

Naturintime Wechselwirkungen

Die Ökologie macht den Schritt von der Biologie einzelner Organismen hin zu den *Beziehungen* der Organismen untereinander im Gesamtgefüge der Natur. In einer geisteswissenschaftlich erweiterten Ökologie treten an die Stelle von materiell und äußerlich gedachten Ursache-Wirkungs-Verhältnissen solche Beziehungen, die der «Natur», dem «Wesen» der Organismen entspringen. Im siebten Vortrag des «Landwirtschaftlichen Kurses» (Steiner 1924) verwendet Rudolf Steiner dafür den Begriff der «*naturintimen Wechselwirkungen*».

«Heute, in der materialistischen Zeit, verfolgt man nur die groben Wirkungen des einen auf das andere; wenn das eine durch das andere gefressen, verdaut wird, oder wenn der Mist von den Tieren auf die Äcker kommt. [...] Es finden ja außer diesen groben auch durch feinere Kräfte und auch durch feinere Substanzen, durch Wärme, durch in der Atmosphäre fortwährend wirkendes Chemisch-Ätherisches, durch Lebensäther fortwährend Wechselwirkun-

gen statt. Und ohne dass man diese feineren Wechselwirkungen berücksichtigt, kommt man für gewisse Teile des landwirtschaftlichen Betriebes nicht vorwärts. Wir müssen namentlich auf solche, ich möchte sagen, naturintimeren Wechselwirkungen hinschauen, wenn wir es zu tun haben mit dem Zusammenleben von Tier und Pflanze innerhalb des landwirtschaftlichen Betriebes.»[106]

Die Notwendigkeit einer solchen Betrachtungsweise formuliert Rudolf Steiner im «Landwirtschaftlichen Kurs» im Speziellen auch für die Vogelwelt:

«Ja wir müssen sogar verstehen, in verständiger Weise hinzuschauen auf die Vogelwelt. Darüber macht sich heute die Menschheit noch nicht richtige Begriffe, welchen Einfluss die Vertreibung gewisser Vogelarten aus gewissen Gegenden durch die modernen Lebensverhältnisse für alles landwirtschaftliche und forstmäßige Leben eigentlich hat. In diese Dinge muss wiederum durch eine geisteswissenschaftliche, man könnte ebenso gut sagen makrokosmische Betrachtung hineingeleuchtet werden.»[107]

Im weiteren Verlauf dieses Kapitels wird sich zeigen, dass ein zentraler Inhalt des Konzeptes «naturintime Wechselwirkungen» darin besteht, dass die Organismen existenziell auf *Begegnung* angelegt sind. Hierbei wird

insbesondere die Begegnung zwischen den beiden Naturreichen Tier und Pflanze ins Auge gefasst.
Will man sich dem Verständnis solcher naturintimen Wechselwirkungen nähern, so gilt es, die eigenen Seelenregungen, die sich beim Beobachten beispielsweise eines Tieres in seiner Umwelt ergeben, ins Blickfeld der eigenen Aufmerksamkeit zu rücken. Eine solche Betrachtungsweise führt zu einer Art *seelisch-geistigen Auffassung von Ökologie*. Denn: Wie ja bereits mehrfach erwähnt, ist das menschliche Innere das Innere der Natur.[108]
Zum seelisch-geistigen Verständnis der naturintimen Wechselwirkungen werden in diesem Kapitel vor allem anhand des siebten Vortrages aus dem «Landwirtschaftlichen Kurs» methodische Erläuterungen gegeben.[109]

Ökologie – seelisch-geistig aufgefasst[110]

Ein erster übender und notwendiger Schritt in eine Welt der sogenannten «naturintimen Wechselwirkungen» ist der Verzicht auf eine materialistisch-gegenständlich vorgestellte Auffassung der sinnlichen Welterfahrung. Es gilt, die sinnliche Welt als Spiegel einer seelisch-geistigen Welt zu akzeptieren.[111] *Alles Geschehen, aller ursächlicher Zusammenhang in der Sinneswelt ist nach Maßgabe des seelisch-geistigen Lebens und seiner Ursache-Wir-*

kungs-Zusammenhänge aufzufassen. Damit ist zugleich auch die methodische Ausrichtung vorgegeben: Am Sinnlichen ist die Beobachtung auf die eigene, seelisch-geistige Beteiligung zu lenken. Auf dem eigenen Seelengrunde sind die «naturintimen Wechselwirkungen», die dem Naturgeschehen *wirklich zugrunde liegenden* Wechselwirkungen aufzusuchen.

Will man die Beziehungen zwischen Tier- und Pflanzenwelt ihrem Wesen nach verstehen, so gilt es zuerst, grundlegende Wesenszüge des Tierreiches und des Pflanzenreiches aufzusuchen.

Das Tier ist zuerst da

Für die Tierwelt ist in ihrer Beziehung zu ihrer irdischen Umgebung der Merksatz «Das Tier ist zuerst da» ein Schlüssel.

«Beim Tier kann sich der Mensch [...] sagen: Dieser Wille ist eben da, und aus diesem Willen heraus ist dann die Gestalt, sind die Äußerungen des Tieres eine Folge.»[112]

Wie sehr dieser Merksatz «Das Tier ist zuerst da» gilt, das sei folgend an verschiedenartigen Beispielen veranschaulicht.

Artspezifische Umgebung

In der akademischen Lehre gilt auch weiterhin: Das Tier wird durch die Umwelt ausselektiert. Übrig bleibt, wer am besten angepasst ist: Das Tier als Produkt seiner Umgebung, hervorgegangen aus einer Jahrmillionen währenden Evolution vom Protein-Molekül in einer «Ursuppe» über die höheren Pflanzen zu den Primaten bei den Wirbeltieren.

Tatsächlich aber wissen wir von der spezifischen Umgebung einer Tierart doch nur durch das Tier selbst: Wir müssen das Tier beobachten, um herauszufinden, was alles zu seiner Umgebung gehört. Das Tier ist also zuerst da![113]

Durch das physische Einzeltier wird mir, dem Beobachter, die Welt etwa der Kohlmeise oder der Tannenmeise gezeigt. Das gilt nicht nur physisch-räumlich, sondern auch seelisch-geistig. Möwen beispielsweise, die auf den Buchstaben einer Leuchtreklame eines Bahnhofdaches sitzen, fühlen sich sicher nicht wegen des zu lesenden Wortes dort hingezogen. Vielmehr erzählen die Buchstaben vermittelt durch die Möwen von einer Seelenwelt, zu der pfahlartige, sich in die Luft aufreckende Strukturen über einer horizontalen Weite gehören – so wie sie beispielsweise auch in Yachthäfen an Binnengewässern oder an der Meeresküste zu finden sind. Auf diese Weise

Für den Menschen ein Kunstwerk – für die Blässralle ein willkommener Nistplatz

erzählt auch eine Leuchtreklame von der Seelenwelt der Möwe.
Andererseits wird dadurch nochmals deutlich, wie sehr doch die Vögel nicht in unserer Welt leben. Man denke zum Beispiel an die Nachtigall, die – sonst oft eher rar – mitten in Berlin singt und nistet. Wüsste sie um die Abgesondertheit und Verwahrlosung der vom Menschen gemachten städtischen Natur, sie würde sich wohl kaum dort niederlassen …

Be-Stimmend

Das kühle Frühjahr liegt hinter uns, der Buchfink singt bereits in den warmen Strahlen der Märzen-Sonne, die Seele will sich fast schon der Wärme hingeben, da singt doch wieder die Tannenmeise. Was hat sie jetzt noch zu «vermelden»? Ihren Gesang kenne ich doch vor allem von eher winterlichen Tagen! Gerade aber durch ihren Gesang werde ich erst aufmerksam, auf die leicht kühle Brise, die trotz der wärmenden Sonne noch in der Luft liegt! Durch die Tannenmeise gerate ich in eine bewusste Beziehung zu dieser Note der aktuellen Landschafts-Stimmung.
Tiere weisen auf Stimmungen hin, ja sind – insbesondere die Singvögel – selbst Stimmungsgeber. Man denke nur an den Amselgesang in den laueren, bereits lang gewordenen Maien-Abenden. Das Tier be-stimmt seine Umgebung und nicht umgekehrt.

«Funktionelle» statt «metamorphotische» Anatomie

Wir sind es gewohnt, die Beine etwa einer Kohlmeise mit unseren Beinen oder auch den Beinen eines Pferdes zu homologisieren: Die Knochen sind Bein- und keine Armknochen. Sie werden also aufgrund ihrer Morphologie und Ontogenese in eine metamorphotische Verwandtschaft zueinander gestellt.

Wenn wir aber beispielsweise nachahmen wollen, wie die Kohlmeise einen Zweig umgreift, so benutzen wir intuitiv nicht unsere Füße, sondern unsere Hände. Die Kohlmeise «handet» mit ihren «Füßen». Das heißt natürlich nicht, dass die Kohlmeise bei ihrer Nahrungssuche auf dem Wiesengrund nicht auch «fußt». – Es zeigt sich: Das Tier ist vor seiner Anatomie da. Es verleiht seiner Anatomie, seinem mineralischen Gerüst, ja seiner ganzen Umgebung erst seine Bedeutung.[114]

Wir werden so auf ein rein seelisch-geistiges Wesensgebilde aufmerksam, das sich darin offenbart, zu welchen «Dingen» es auf seine Weise Bezug nimmt, wie es sich darin verhält. All das können wir nur dann wahrnehmen, wenn wir in der aktuellen Sinnesbeobachtung den Blick auf die Regungen der eigenen Seele lenken. Im Beobachten der Kohlmeise bemerke ich, wie es, wie *sie in mir* «fußt» oder «handet» beziehungsweise wie ich durch sie seelisch «fuße» oder «hande».

Das, was als Tier zuerst da ist, das erfassen wir – wie bereits in Kapitel VII angesprochen – in dem Moment, in dem wir alle verschiedenen Erscheinungsweisen etwa einer Vogelart auf ihre artspezifische Stimmung hin zusammenhalten. Was also als Tier zuerst da ist, das ist die Welt, die wir in der jeweiligen Stimmung der Art aufsuchen.

Tiere sind Verteiler von Astralität

Tiere verleihen ihrer Umgebung Bedeutung: vom eigenen Leib bis hin zu den «Requisiten» ihrer jeweiligen Umwelt. Sie verbreiten ihre Stimmung, verteilen Astralität. Das ist beim Vogelgesang ja nur allzu deutlich: Jede Vogelstimme verleiht einem Ort ihre je eigene Stimmung. In demselben Busch können die Kohlmeise und das Rotkehlchen singen, und doch: wie anders mutet der Busch mit dem Frühlingsschellen der Kohlmeise oder mit dem inniglich, perlenden Gesang des Rotkehlchens an! Mit jedem Spaziergang durch die Natur gehen wir durch eine Unzahl solcher Stimmungsräume. Mit jeder Tierbegegnung betritt man einen spezifischen Stimmungsraum. Man vergleiche die Stimmung in einem Garten, wenn dort die – doch immer etwas zwielichtig anmutende – Elster ihren Auftritt hat, oder wenn in demselben Garten der rührige und umsorgende Haurotschwanz seine Brut hochzieht. Im Grunde sind auch wir Menschen immer wieder Verteiler solcher Stimmungen. Mal erfreuen wir unsere Mitmenschen mit unserer guten Laune, die wir gerade von einem erfreulichen Ereignis mitbringen. Mal verdunkeln wir den Mittagstisch, weil wir unerquickliche Nachrichten mit uns herumtragen …

Das Tier nimmt und lebt vom Nehmen

Wie sehr das Reich des Tiers bedeutungsverleihend oder auch blickwandelnd ist, lässt sich zum Beispiel an Tierbildern von Hans Jenny,[115] dem früheren Dornacher Arzt, Naturforscher und Maler verdeutlichen: Man betrachte zunächst das folgende Bild von weiter weg und äußere recht spontan, was dort zu sehen ist.

Hans Jenny: Kuhherde, 1969, Öl auf Leinwand, 83 x 122 cm

Vielleicht sieht man zuerst die schroffen, dynamischen Pinselstriche; vielleicht sieht man eine fast stürmisch-gewittrige Himmelssituation; mag sein, man sieht Geäst.

Entdeckt man schließlich die im unteren Drittel des Bildes angedeuteten Kuhleiber (oder wird man darauf hingewiesen), verwandelt sich der gesamte Anblick des Bildes. Das Bild erhält nun eine «sinnvolle» Bedeutung, wird zu einer Umgebung von lagernden Kühen. Das ganze Bild wird abgerundet und zu einer in sich geschlossenen Ganzheit. – Was wir hier durch die Kunstbetrachtung lernen, das gilt natürlich auch für Natur und Landschaft: Das Tier ist ein ganzheitsbildendes Organ für die Umgebung, für eine Landschaft, für eine Landwirtschaft.

Zusammenfassend kann man auch sagen: Die Umgebung wird tingiert durch das Tier, und das Tier einverleibt sozusagen die Umgebung in seine Welt: Es verinnerlicht. Für diese Grundgeste des tierischen Daseins zeichnet Rudolf Steiner im «Landwirtschaftlichen Kurs» die folgende Tafelskizze (siehe oben rechts).

Von «oben» kommend in Luft und Wärme verinnerlicht, einverleibt das Tier das, was ihm sinnlicherseits entgegenkommt in seine Seelenwelt. Es selbst bleibt dabei eine in sich geschlossene, seelische «Wolke».

Tafelskizze Rudolf Steiners zum Tierwesen

Die Pflanze gibt und lebt vom Geben

Wie anders stellt sich im Gegensatz dazu die Pflanze ins Leben:

«*[...]; sondern es ist so, dass, während das Tier aufnimmt Irdisches und Wässriges und in sich verarbeitet, die Pflanze gerade Luft und Wärme ausscheidet, [...] Also Luft und Wärme gehen nicht hinein, [...] sondern es gehen heraus Luft und Wärme und werden, statt aufgezehrt von der Pflanze, ausgeschieden. [...] So gibt die Pflanze und lebt vom Geben [...] ‹Die Pflanze gibt, das Tier nimmt im Haushalt der Natur›*».[116]

Zu diesen Bemerkungen malt Rudolf Steiner die Geste der Pflanzenwelt wie folgt:

Tafelskizze Rudolf Steiners zum Pflanzenwesen

Von unten, aus dem Mineralisch-Wässrigen kommend, sich nach oben öffnend, Luft und Wärme «physisch» ausströmend, sodass sie von der Tierwelt entgegengenommen werden können.
Wie kann das verstanden werden: Die Pflanze lebt vom Geben? Hierzu ein kleines Anschauungsexperiment: Vor uns sei ein weißes Blatt Papier, querformatig.

Wir schauen dorthin und wissen doch nicht recht, wohin wir unsere Selbstbeobachtung lenken sollen. Alles ist möglich. Erinnerungen können anfliegen. Das Weiß, die rechteckige Form des Blattes können von Interesse sein. Das Blatt, der Rahmen können aber auch Anlass sein, dort ein Bild, eine Stimmung innerlich vorzustellen. Auch hier ist noch alles möglich. Stimmungen kommen vorbei, gehen wieder, bleiben seelisch-geistig, unverbindlich.

In einem nächsten Schritt zeichnen wir eine horizontale Linie etwa auf der Grenze vom unteren zum mittleren Drittel des Blattes.
Ein Landschafts-erwartender Blick wird hiermit zum Beispiel eine Horizontlinie verbinden. Jetzt beginnt sich das Innerseelische mit dem äußerlich Sinnlichen zu verbinden. Stimmung taucht nicht mehr bloß seelisch-geistig auf, sondern *west als Durchsichtigkeit, Luftigkeit über dem Blatt* an!
Malt man nun noch die folgende Struktur ins Bild, dann wird der ganze Blick fokussiert und in einer spezifischen Weise gestimmt.

Eine Nadelbaumgeste bringt in die Ausgangssituation eine vollkommen andere Stimmung als ein solitärer Laubbaum. Der Baum zieht an, verdichtet Stimmung, eine *spezifische* Stimmung ins Irdisch-Sinnliche hinein. Rudolf Steiner formuliert diese Begebenheit im «Landwirtschaftlichen Kurs» so: *«Unsere Bäume sind deutliche Ansammler von astralischer Substanz.»* [117] Übersinnliches wird in die Welt der irdischen Elemente gezogen, gleichsam verstofflicht und kann so von Tier und Mensch sinnlicherseits verinnerlicht werden. – Die Pflanze lebt vom Geben.

Verwandtschaften von Tier und Pflanze

Erfüllung finden im Erwachen

Eine solche durch die Vegetation angesammelte Stimmung wartet regelrecht darauf, von einem «Tierischen» ergriffen zu werden, ja findet in dem Ergriffenwerden eine Art Erfüllung. Das kennt man gut von Spaziergängen in frühsommerlich-morgendlicher Dämmerung am Waldrand: Leichter Nebeldunst mag aufsteigen. Eine verklärende, verheißungsvolle Stimmung legt sich in die Seele. Stille, ja eine gewisse Überwachheit lauscht, wittert gleichsam in die Luft hinein. Könnte jetzt nicht viel-

leicht gleich, jetzt ... und tatsächlich springt ein Reh aus dem Waldrand in das sattgrüne Leuchten der feuchten Wiese. – Da ist es!
Die zuvor ahnungsvolle, umkreishafte Stimmung fokussiert sich auf ein «Dort», hat lebendige, wache Gestalt angenommen. Nun ist auch die Landschaft erwacht. In den pflanzlich-physischen Hintergrund ist ein Tier eingezogen und die Landschaft erhält die Tingierung dieser spezifischen Innerlichkeit.
Vielleicht wäre aber auch ein Fasan, laut flatternd und blechern rufend, aus dem Unterlaub aufgeflogen und hätte uns aufgeschreckt. Auch da wäre die Landschaft aufgewacht: Nun zu einer Fasan-Landschaft, statt zu einer Reh-Landschaft.
Seelisch-geistig angeschaut heißt das: Eine Landschaft ist eine Art Seelen-Bühne, auf der sich so mancherlei Seelen-Getier tummeln kann, in der verschiedene Seelengesten in- und durcheinander weben können.

Vögel und Nadelbäume, Säuger und Gebüsch

«Und dann findet man, dass die Vogelwelt dann schädlich wird, wenn sie nicht an ihrer Seite den Nadelwald hat, damit dasjenige, was sie vollbringt, ins Nützliche umgewandelt werde. Hat man diese merkwürdige Verwandtschaft der Vögel gerade mit den Nadelwäldern er-

kannt, dann bekommt man eine andere Verwandtschaft heraus, [...]. Nämlich zu all dem, was nun zwar nicht Baum wird, aber auch nicht kleine Pflanze bleibt, zu den Sträuchern, zum Beispiel zu den Haselnusssträuchern, da haben die Säugetiere eine innere Verwandtschaft, und man tut daher gut, zur Aufbesserung seines Säugetierwesens in einer Landwirtschaft in der Landschaft strauchartige Gewächse anzupflanzen.»[118]

Tierbilder wie beispielsweise die von Franz Marc sind hierzu eine wunderbare und bestätigende Veranschaulichung. Man betrachte die beiden Bilder «Vögel» (1914) und «Weidende Pferde IV» (Die roten Pferde) im Vergleich.

Der Vogel und seine «schnelle» Landschaft»,
Franz Marc: Vögel, 1914.
Links: Das Pferd und seine «gewölbte Landschaft»,
Franz Marc: Weidende Pferde IV (Die roten Pferde)

Wie ist die Gestalt der Pferde, und wie ist deren Umgebung, deren Landschaft – deren Aufenthaltsbereich, deren Seelenwelt gemalt? Augenfällig ist die Betonung der Konvexe, sowohl bei den Tier-Gestalten als auch in ihrer Landschaft. Die Pferde-Geste bestimmt den Blick auf die Landschaft: Ich sehe eine «Pferde-Landschaft». Die Landschaft ihrerseits zeigt ihre Pferde-Seite: Ihre runden Gesten, das Horizontale, das Geschwungene – all das zieht das Pferdeartige regelrecht an, zeigt sich als «Umgebung» des Pferdes, das diese Umgebung aus seiner Innerlichkeit heraus aufsucht – so wie das Säugetier-Wesen nach Rudolf Steiner Haselstrauchartiges aufsucht.

Anders die Umgebung der Vögel: Diagonalen, Geraden, Linien, Spitzigkeit und Schnelligkeit sind vorherrschend. Ganz das Element, in dem sich das Feder-, Flügel- und Flug-Wesen des Vogels aufhält. Im Hinschauen auf diese Bildelemente finden wir uns zum Vogelwesen hingezogen, wird dem Sehen das Vogelartige nahegelegt: eine Vogel-erzeugende Umgebung. Hier findet sich der Vogel zuhause, finden wir ihn seelisch beheimatet. Um auf Rudolf Steiner zurückzukommen: Auch das Nadelbaumige (im Vergleich mit Gebüsch und Laubbaum) zieht mit seinem Spitzigen, Exzentrischen, Strahligen das Vogelartige an, bietet Beheimatung für den Vogel.

Ausstrahlende Wirkung und
«Zum Fressen gern haben»

Dass das Vogelwesen einen Bezug zum Nadelwald hat, lässt sich auch wie folgt begründen. Von der Kopf-Natur des Vogels war ja in den bisherigen Kapiteln hinreichend die Rede. Im Vergleich zu den Säugetieren ist der Vogel deutlich weniger im Stoffwechsel-Gliedmaßen-Bereich als vielmehr im Sinnes-Nerven-Pol beheimatet, anwesend. Im Jahreslauf entspricht der Winter mehr dem Kopfpol des Jahres als der stoffumsetzende, sinnliche Sommer. Solch Winterliches findet man in der Landschaft mit zunehmender Höhe oder geographisch mit zunehmender Nähe zu den Erd-Polen. Hier werden Koniferen bestimmend, während in den tieferen Lagen oder in mehr gemäßigten oder tropischen Breiten die Laubbäume vorherrschen. Nadelbäume haben also Bezug zum Kopfigen.

Gerade an diesen Betrachtungen wird deutlich, wie sehr es bei den «naturintimen Wechselwirkungen» darauf ankommt, sie aus der «Natur» der Sache, innerlich aufzufassen. Das Nadelbaumwesen schafft die «Luft», die Atmosphäre, die das Vogelwesen in sich trägt und in seinem Wesensleben (Verhalten) aufsucht. Das Nadelbaumige strahlt eine Beziehung zum Vogelwesen aus und umgekehrt.

Damit wird auch verständlich, warum es dann nicht unbedingt zu erwarten ist, dass die Nadelbäume auch von Vögeln konkret (und in Massen) aufgesucht werden. Wichtig ist vielmehr allein die Anwesenheit von Nadelbaumartigem in einer Landschaft. Rudolf Steiner weist aber andererseits auch auf den Aspekt hin, dass der seelische Bezug, die «Liebe» vom Tier zur Pflanze durchaus so weit gehen kann, dass das Tier seine Pflanze zum Fressen gern bekommt.

«Die Tiere sind ja nicht so töricht wie die Menschen, die merken nämlich sehr bald, dass diese Verwandtschaft da ist. Und wenn sie merken, dass sie die Sträucher lieben, dass ihnen die Liebe dazu angeboren ist, dann bekommen sie auch diese Sträucher zum Fressen gern, und sie fangen an, das Nötige davon zu fressen, was ungeheuer regulierend wirkt auf das andere Futter.»[119]

Verkümmerung der Vegetation und Schädlichkeit der Vogelwelt

Die Beziehung zwischen Pflanze und Tier ist so eng, dass das eine nicht ohne das andere sein Dasein fristen kann. Die Pflanze verkümmert ohne das Tier und das Tier seinerseits wird schädlich, wenn die ihm zugehörige Vegetation fehlt:

«Nimmt man dieses Fluggetier weg, so versagt die Astralität eigentlich ihren ordentlichen Dienst, und man wird das in einer gewissen Art von Verkümmerung der Vegetation erblicken. Das gehört zusammen: Fluggetier und dasjenige, was aus der Erde in die Luft hineinwächst. Eins ist ohne das andere letzten Endes gar nicht denkbar.
[…]
Und dann findet man, dass die Vogelwelt dann schädlich wird, wenn sie nicht an ihrer Seite den Nadelwald hat, damit dasjenige, was sie vollbringt, ins Nützliche umgewandelt werde.» [120]

Warum und inwiefern verkümmert die Pflanzenwelt ohne die ihr zugehörige Tierwelt und warum beziehungsweise inwiefern kann die Tier-, im Speziellen die Vogelwelt schädlich werden, wenn ihr die rechte Pflanzenwelt fehlt? Wie sind diese Zusammenhänge «naturintim» zu verstehen?

Wenn das Vogelwesen nicht seine ihm entsprechende Heimat findet, wenn es sich nicht zuhause fühlen kann, dann streunt es in der Welt herum, ohne sich irgendwo wieder finden zu können, es kann sich nicht mehr in (s)eine Umgebung einordnen. Es hat keine Heimat mehr, wird zum Vagabunden, weiß sozusagen mit sich und der Welt nichts mehr anzufangen. Auch im menschlichen Sozial-Kontext kennt man das gut: Wie unproduktiv, ja

«schädlich» kann ein – eigentlich doch nur wohlwollender – Mensch wirken, wenn er seine Wirksamkeit zum falschen Zeitpunkt am falschen Ort entfaltet. Wie beruhigend, rundend und positiv indes die Ausstrahlung derselben Persönlichkeit, sobald sie endlich ihren Ort gefunden hat!
Und warum «verkümmert» die Vegetation? Weil sich niemand dessen annehmen will, was sie um sich herum verbreitet. Sie «dünstet» ihre vegetabile Astralität aus, wartet darauf, dass sich jemand ihres «Geschenkes» annimmt, wartet auf eine solche Erfüllung. Geschieht das nicht, dann verkümmert, ja vertrocknet sie. Wie wüchsig und schön können die Pflanzen aber werden, wenn sich jemand ihrer annimmt. Der berühmte «grüne Daumen» im Umgang mit Pflanzen mag hierfür ein Beispiel aus der Erfahrungswelt sein.
Natürlich kann die Verkümmerung auch im Wildwuchs bestehen! Wie ergriffen, bestimmt, seelisch durchlebt wirkt doch eine Landschaft, die bewusst durch Tiere gestaltet ist, im Gegensatz zu einer solchen, die der Verwilderung überlassen wird. Das beginnt schon beim Anblick eines nicht mehr beweideten Grünlandes (Brache). Das gilt auch für eine bienenlos gewordene Landschaft: Wie sehr wir doch jedes Jahr auf das summende Brummen der Lindenbäume warten, sobald sie beginnen ihren milden Blütenduft auszubreiten! Wie sehr aber bliebe

in der Seele etwas unerfüllt, wenn dieses «Welten-Om» ausbliebe! In generationenaufrüttelnder Weise verwies Rachel Carson in ihrem «Stummen Frühling» auf die – durch den Ende der 50er Jahre stark aufkommenden Herbizideinsatz – drohende Verarmung der Landschaft, wenn mit einem Male die Sing-Vögel ausblieben, wenn ihr Gesang verstummen würde.

Fruchtbare Verteilung von Astralität – oder:
«Es sprossen die Kräuter durch der Luft Gewalt»[121]

Jeder Vegetations-Typ bringt eine ihm eigene Stimmung mit, jeder Baum ist in seiner Weise eine Art «Ansammler von Astralität». Von dieser luftigen, atmosphärischen Astralität lebt das Tier, indem es sie verinnerlicht. «Die Pflanze gibt, das Tier nimmt im Haushalt der Natur», so Rudolf Steiner im siebten Vortrag des «Landwirtschaftlichen Kurses». Das Tier speist sich von der ihm zugehörigen Stimmung der Pflanzenwelt, kann daran sein seelisches Wohlbefinden aus- und erleben. Andererseits zeigt sich, dass die verinnerlichende Stimmung, die «innigliche» Astralität, die die Tiere der Pflanzenwelt entgegenbringen, ihrerseits förderliche, ja «aufziehende» Wirkung hat: Der lateinische Name der Ordnung der Singvögel ist «Oscines», ist ein Wort aus der Auguralsprache und bezeichnete die «Weissage- oder Weisheitsvögel». Was sie Jahr für Jahr in die Welt hinaussingen, ist voll kosmischer Weisheit.

«Das Lied, das aus der [Vogel-]Kehle hinausströmt in Weltenweiten, kommt als Segen der Erde wiederum zurück, befruchtend das irdische Leben mit den Impulsen des Göttlich-Geistigen, [...]»[122] (vgl. Kapitel VI).

Oft genug scheinen ja die Singvögel auch ihrer Zeit vorzugreifen. Die Kohlmeise singt häufig schon im gerade beginnenden neuen Jahr, dann wenn der Winterfrost erst seinen Höhepunkt erreicht. Wie unvermeidbar wecken doch diese «Schellenklänge» in uns, geradezu leiblich, die Vorfreude auf das herannahende Treiben und Sprossen der Frühlingskräuter und ihrer Blüten. Wir erleben in uns, wie der Gesang der Kohlmeise das Frühjahrs-Sprießen hervorlockt. Und so wie in uns unsere Seelenregungen hervorgelockt werden, so werden draußen auch die Pflanzen durch den Vogelgesang ans Tageslicht gelockt. Und klingt nicht auch die Gesamtstimmung des Momentes, in dem die Kohlmeise im Frühjahr singt, mit den fröhlichen Farbentupfern der ersten Frühjahrsblüten zusammen? Und wirkt nicht der ziehend-melancholische Gesang des Rotkehlchens – in der Frühjahrsdämmerung aber und abermalig vorgebracht – nicht geradezu wie eine Art Beschwörung der Lebewelt?

«Das macht, es hat die Nachtigall
Die ganze Nacht gesungen;
Da sind von ihrem süßen Schall,
Da sind in Hall und Widerhall
Die Rosen aufgesprungen. [...]»

Aus: Theodor Storm: Die Nachtigall

Das arme Vöglein

Ein Vogel ruft im Walde,
Ich weiß es wohl, wonach?
Er will ein Häuschen haben,
Ein grünes, laubig Dach.

Er rufet alle Tage
Und flattert hin und her,
Und in dem ganzen Walde
Hört keiner sein Begehr.

Und endlich hört's der Frühling,
Der Freund der ganzen Welt,
Der gibt dem armen Vöglein
Ein schattig Laubgezelt.

Wer singt im hohen Baume
So froh vom grünen Ast?
Das tut das arme Vöglein
Aus seinem Laubpalast.

Es singet Dank dem Frühling
Für das, was er beschied,
Und singt, solang er weilet,
Ihm jeden Tag ein Lied.

August Heinrich Hoffmann von Fallersleben

Der Mensch inmitten von Adler, Löwe und Stier – Versuch einer Zusammenschau

In den Notizbucheintragungen Rudolf Steiners finden sich folgende Zeilen:

> «*Durch die Schmetterlinge*
> *und Vögel schaut der Himmel*
> *die Erde an – – sie vermitteln*
> *die Erkenntnis der Erde*
>
> *Durch die ‹geschlossenen Tiere› –*
> *drückt sich der ‹Wille› der Erde*
> *aus – –*»[123]

Erinnern wir uns nochmals an die Ausführungen zu Rilkes achter Elegie im Kapitel II. Die Tierwelt ist noch nicht aus ihrem «Schooß» herausgetreten, lebt noch tief verbunden und eingebettet in der Welt der Wesen, von denen sie hervorgebracht wird. Die Tiere vermitteln daher ihre Erlebnisse nicht einem eigenen, selbständigen Innerseelischen, zu dem das Einzeltierwesen etwa «Ich» sagen könnte. Vielmehr vermitteln sie ihre Erfahrungen offenbar der geistigen Welt – ähnlich dem, wie unsere Sinne unserem seelisch-geistigen Wesen zu Dienste stehen und ihm die Welt vermitteln.

Das Erleben der Welt durch den Vogel ist ein anderes als durch die Kuh. Das Welterleben der Vögel gleicht seiner Qualität nach unserem Denk- beziehungsweise Erkenntnispol – «sie vermitteln die Erkenntnis der Erde».

Erst jetzt wird das Bild des Vogels als «Mittler zweier Welten» vollständig. Einerseits begleitet er den Menschen auf dem Weg zu seiner nächsten Inkarnation, befruchtet jährlich mit seinem Gesang Mensch und Erde, und andererseits ist er im Gegenstrom für die Welt der Götter eine Art Sinnesorgan, vermittelt das Erleben der Welt durch den Erkenntnispol.

Der Vogel vermittelt der geistigen Welt (dem Himmel) das Erlebnis der Erkenntnis, des Denkens. Die Kuh vermittelt der geistigen Welt das Erlebnis irdischen Willens.

Der Vogel ist tatsächlich ein *Realbild* des noch mit dem Geburtspol verbundenen menschlichen Denkpols – und nicht eine bloße Metaphorik. Durchdringen wir unseren

Gefühls- und Willenspol mit Bewusstseinslicht, haben wir uns intensiv mit dem Erdendasein auseinandergesetzt, dann kann uns der Vogel schließlich auch zu einer Entwicklungsperspektive, ein Vorbild für die eigene geistige Existenz werden. Für den Menschen ergibt sich die Aufgabe, sein eigenes Seelenleben in Denken, Fühlen und Wollen mit Hilfe der höheren Erkenntnisarten (Imagination, Inspiration, Intuition) zum Wahrnehmungsorgan für die Wesenswelt um ihn herum auszubilden. Wegleitend können die folgenden methodisch-konzeptionellen Schritte sein, die in diesem Buch immer wieder – mehr oder weniger offensichtlich – angewendet wurden:

Schritt 1: Mit einem einzelnen Tier haben wir in der Regel keine Ich-Begegnung! Vergebens suchen wir im Sinnlichen das Ich eines Tiers. Rudolf Steiner spricht bei den Tieren von lebendigen Inspirationen und bei den Pflanzen von lebendigen Imaginationen.[124] Oder anders: Tiere sind lebendige, bewegte ichfreie Seelenbilder! Wie bereits früher schon einmal gesagt: Tiere sind, was Menschen haben (siehe Kapitel II).

Schritt 2: Die Sinne sind Spiegel davon, in welcher *seelisch-geistigen* Situation wir uns – angesichts einer irdischen Erfahrung – gerade befinden.[125] Das Innere des Menschen ist das Innere der Natur.[126]

Schritt 3: Dieses Innere aber, wo findet sich das? Wo ist dieses «in mir»? Es findet sich sicher nicht im Physisch-

Leiblichen, im räumlichen Innern. Es ist etwas, das aus unserem «Verborgenen» aufsteigt und mit dem betrachteten «Ding» zu tun hat. Damit aber ist dieses verborgene «In-Mir», mein Inneres, beim «Ding», also «draußen». Das Innere bleibt nicht ein mit unserem Gliedmaßen-Dasein unverbündbares Geistiges, sondern im Gegenteil findet sich gerade dort wieder, wo wir durch unser Leibesdasein eine Begegnung erfahren. Das Innere umgibt das Ding mit einer Art Aura, mit einer Stimmung oder Atmosphäre.[127]

Wir müssen also zuerst das Tier als ein Bild einer seelisch-geistigen Situation auffassen. Dann gilt es im zweiten Schritt – angesichts der Sinneserscheinung des Tieres –, unsere Aufmerksamkeit auf die sich in unserem Innern abspielenden Seelenerlebnisse zu lenken (denn das Innere des Menschen ist das Innere der Natur). Und schließlich müssen wir in einem dritten Schritt dieses sogenannte Innere doch wieder draußen aufsuchen (als durchschreitbare Atmosphäre, Stimmung, als mit dem Tier ergreif- und erfahrbare Aura).

> *Durch den sich Vögel werfen, ist nicht der*
> *vertraute Raum, der die Gestalt dir steigert.*
> *(Im Freien, dorten, bist du dir verweigert*
> *und schwindest weiter ohne Wiederkehr.)*
> *Raum greift aus uns und übersetzt die Dinge:*
> *dass dir das Dasein eines Baums gelinge,*

wirf Innenraum um ihn, aus jenem Raum,
der in dir west. Umgieb ihn mit Verhaltung.
Er grenzt sich nicht. Erst in der Eingestaltung
in Dein Verzichten wird er wirklich Baum.

Rainer Maria Rilke

Zusammengenommen kann von einer künstlerischen Betrachtungsweise gesprochen werden. Eine solche führt zum Wesen der Natur. Jede Beobachtung, jedes Wissensdetail lässt sich auf diesem Wege vertiefen.

Auf diese Weise kann auch unser Denken wieder zu einem Wahrnehmungsorgan der Götter werden. Und so kann auch der Mensch – wie der Vogel – als Mittler zweier Welten dienen.

> «Augen, teilhaft unmenschlicher Erfahrung, schauen durch alle Länder der Erde hin und wissen alles von den Ruinen der Städte, ohne sich um sie zu kümmern. […] Nur das Auge der Vögel, der Lüftetrinker und Fernüberwinder, sieht das Unwandelbare, ohne Wissen zwar und deutliche Gedanken. Kummerlos schlägt ihr Flügel Gehorsam, ihre Herzen singen, was auch die Blume blüht, was die Bäume wehen und das Wasser fließt: ich und der Vater sind eins.»
> Aus: Walter Muschg: Weltreich der Vögel[128]

Theodor Storm: Die Nachtigall

Das macht, es hat die Nachtigall
Die ganze Nacht gesungen;
Da sind von ihrem süßen Schall,
Da sind in Hall und Widerhall
Die Rosen aufgesprungen.

Sie war doch sonst ein wildes Kind;
Nun geht sie tief in Sinnen,
Trägt in der Hand den Sommerhut
Und duldet still der Sonne Glut
Und weiß nicht, was beginnen.

Das macht, es hat die Nachtigall
Die ganze Nacht gesungen;
Da sind von ihrem süßen Schall,
Da sind in Hall und Widerhall
Die Rosen aufgesprungen.

Kapitel IX:
Epilog: Dingfest – vogelfrei ... oder: «wirksamer Blick nach aussen»[129]

Die konkrete Anschauung verwandeln – den Umkreis mitsehen lernen

In den vorhergehenden Kapiteln haben wir verschiedene Aspekte des Vogelseins beleuchtet – dies stets mit dem Ziel, unsere Anschauung in einer konkreten Vogelbegegnung zu verwandeln. Aphoristisch zusammengefasst bedeutet das angesichts eines Vogels:

- dass man in die Welt des Kopfpols schaut
- dass man in die Nähe zum vorgeburtlichen Dasein blickt
- dass man mit dem Vogel (der noch im «Innenraum» lebt) eine Art Bürger und Mittler zweier Welten vorfindet
- dass sein morgendlicher Vogelgesang ein Nachklang des Sternenkosmos ist
- dass wir bis in den alten Saturn beziehungsweise die alte Sonne schauen können
- dass wir mit seinem Vogelkleid eine exzentrische Bildung vor uns haben

- dass der Vogelflug und der Vogelzug Realbilder des Denkens sind
- dass wir bei einem singenden Vogel die ihn inspirierende Gruppenseele als anwesend mitsehen können
- dass das Verhältnis von Tier und Pflanze, von Vogelwelt und Pflanzenwelt in einem für das jeweilige Gedeihen notwendigen «Geben und Nehmen» besteht.

All dies können wir als Wesensgehalt dessen mitsehen, was uns als sinnliche Wirklichkeit in einer Vogelbegegnung entgegenkommt, all dies gehört zum Umkreis des Vogels.

Vom Nutzen zum Anschauen

Im Gegensatz dazu sind wir es gewohnt, die Wesen um uns herum zu nutzen. Sie und wir scheinen «vogelfrei»: Wir machen mit ihnen, was wir wollen: Vögel sind entweder Nutz- oder Wildtiere. Als Nutztiere landen sie in Legebatterien, als Wildtiere werden sie beringt und nun gar durch die Diskussion um die Vogelgrippe zu «Krankheitsüberträgern». – Wir «nutzen», weil wir die Wesen als Dinge, Gegenstände losgelöst von uns betrachten. Ist aber nicht das Wesen des Vogels alles andere als dinglich? Frei wie ein Vogel zu sein – das hat mit Weite, mit Umkreis, mit Luft zu tun! Liegt nicht in unserer verdinglichenden Zuwendungsweise der Ausgangspunkt für unsere «Umwelt»-Probleme? Dann allerdings täte eine entgegenständlichende Zuwendungsweise not!

«Thingen»

Ding kommt vom germanischen «Thing». «Thing»-Plätze waren Richtplätze. Wer verurteilt wurde, wurde «dingfest» gemacht. Das Urbild eines solchen «Dingfest-Machens» findet sich im Verrat des Christus durch den Judas-Kuss. Erst dadurch wurde das Ereignis möglich, dass das Umkreis-Wesen des Christus mit der Jesus-Leiblichkeit identifiziert und ans Kreuz genagelt wurde.[130]
Dieses Verdinglichen der Welt um uns herum – von einem «Ort» seelisch-geistiger Natur – zu einem «D-Ort», auf das man mit dem Finger zeigen kann in räumlich gegenständlicher Fassbarkeit, ist zur Alltagsgeste unseres heutigen Menschendaseins, unserer Konstitution geworden: Indem wir die Welt verdinglichen, verurteilen wir sie – und zwar zu einer von ihrem göttlich-geistigen Ursprung abgezogenen, isolierten Wirklichkeit. Wir berauben die Wesen um uns herum ihrer Anbindung an den schöpferischen Quell. Wir berauben sie damit sowohl ihrer Lebenskräfte als auch ihrer Würde, ihrer Entwicklungspotenz. Wir entwürdigen, schwächen und töten ab!

Das zeigt sich in erschütternder Weise an Epidemien wie der Vogelgrippe, der gegenüber – im Gegensatz offenbar zu ihren wildlebenden Artgenossen – die sogenannten «Nutztiere», das «Geflügel», ohne jegliche Abwehrmöglichkeit zum Tode verurteilt ausgeliefert sind.[131] Und: sterben sie nicht durch die Krankheit, so sterben sie ungezählt und unzählbar durch den Scheiterhaufen, durch Notschlachtungen, durch Vergasung.

Ist angesichts dessen der angedeutete Gedanke von der schwächenden und entwürdigenden Kraft unserer eigenen Einstellung gegenüber der uns umgebenden Wesenswelt samt den sich daraus nun unübersehbar zeigenden Folgen nicht bis in Mark und Bein erschütternd? Haben wir die Welt um uns herum denn immer noch nicht genügend dingfest gemacht, nicht genügend verurteilt? Ist nicht der Schritt in eine entdinglichende Weltanschauung, in einen wesensgemäßen, das heißt umkreisorientierten Umgang längstens angesagt?

In die Dose

Durch «Zufall» treffen wir auf unserer Herbstwanderung auf eine Vogelberingungsstation im Kanton Basel-land, an der Jahr für Jahr zur Zeit des Herbstzuges Vögel gefangen werden, um sie zum Zweck der Vogelzugforschung zu beringen und anschließend wieder freizulassen. Interessiert, erfreut und auch ein wenig vaterstolz will ich meiner fünfjährigen Tochter den Blick auf den Beringungsvorgang ermöglichen. Sie aber wagt sich nur zögernd und mit großer Scheu in die kleine Container-Hütte hinein – wirklich nur wegen der vielen fremden Männer, die dort beobachtend und kommentierend sitzen? Spätestens als man die gefangene Sumpfmeise in eine Ricola-Tee-Dose steckt, um sie digital zu wiegen, bereue ich – innerlich erschrocken –, was ich hier meiner Tochter zumute! – Und wovor sie wohl intuitiv zurückgewichen war!

Ist denn der Vogel wirklich erst Zugvogel, wenn wir ihn ausgemessen, geschlechts-, altersbestimmt, gewogen, wenn wir ihn registriert haben? Entfaltet dieses wärmeauftriebige, zwischen Himmel und Erde vermittelnde Wesen nicht erst im Imponderablen, eben dann, wenn es fliegt, sein Wesen? Dann also, wenn es seine Fittiche ausbreitet, sich weit über sich hinaus in den Umkreis des blauen Himmels erstreckt, sich von der Hingegebenheit tragen lässt? Haben wir nicht erst dann den Vogel *in actu* vor uns? Und hat der auf der Hand des Falkners ruhig sitzende Greif nicht deshalb eine so majestätische Ausstrahlung, gerade weil er noch fliegen darf und kann – im Gegensatz zu dem entwürdigten Genossen (nicht nur) in der Zoovoliere?

Wie absurd!

Wenige Tage später erfahre ich durch meine Internet-Recherche unter dem Stichwort «Vogelgrippe», dass Ende September 2005 in der Schweiz das «Zugvogel-Überwachungsprogramm» des Bundesamtes für Veterinärwesen gestartet worden ist: Von etwa tausend Zugvögeln sollen bis zum Jahresende Exkrement-Proben genommen werden, um sie auf das Vogelgrippe-Virus zu untersuchen. Ziel sei es, frühzeitig zu erkennen, ob durch Zugvögel die Vogelgrippe in die Schweiz eingeschleppt werde.
Ende Oktober wird auf der Titelseite der «Basler Zeitung» das Schweizerische Bundesamt für Veterinärwesen zitiert: Die Bedeutung der Zugvögel bei der Verbreitung der Vogelgrippe habe generell eine größere Bedeutung als bisher angenommen.
Welch eine Ironie – eben nicht des Schicksals, sondern unseres «verdingenden» Umgangs mit der Natur, dass jetzt die Zugvögel, dieses faszinierende Urbild vorgeburtlicher Freiheit, Gefahr laufen, in Verruf zu geraten! Wie absurd, dass mein Aufblicken zu diesen «Boten der Freiheit» unvermeidlich durch ihre «neue Rolle» als «Viren-Vektor» getrübt wird!

Nicht vom Brot allein

Auf der Einkaufsstraße flaniere ich durch die City. Neben vielem anderen wollen mich frische Backdüfte aus der Konditorei verführen. Ohne es wirklich wach zu begleiten, finde ich mich wenige Minuten später mit einer Papiertüte in der Hand, das noch warme Brötchen schon zur Hälfte in meinem Munde, die andere Hälfte in der vom Gehen schwenkenden Hand. Eine Straßentaube saust rauschend an meinem Ohr vorbei und landet, mir den Weg versperrend, vor meinen Füßen. Schnell werfe ich ihr abfällig einen großen Krümel hin, um mich ihres aufdringlichen Bettelns möglichst bald zu entledigen.

Straßentaube: Nur ein lästiges Füttertierchen?

Die warme Sonne lädt mich in eines der vielen Rheinufer-Cafés ein. Wohlig schließe ich genießend meine Augen – und in dem Moment taucht die ganze Situation mit der Taube noch einmal vor mir auf: Innerlich bewundernd und staunend schüttele ich den Kopf über diesen anwehenden, flüsterartig an mein Ohr dringenden, mich berührenden Luftzug, und noch mehr staune ich über das wiederauftauchende Bild der lichtdurchsichtigen harmonisch-schönen Schwingen der Taube, die sie zum Landen vor meinen Augen aufgefächert hatte! Welch ein vollkommenes Bild! «Engelsgleich und doch kein Engel», geht es mir durch den Sinn. Bloß ein Bild? Nein, es war ja viel mehr als ein Bild! Es war doch da vor mir, echte, fassbare Realität! Es war groß, hier und jetzt! Ein Bild und doch kein Bild – ein Real-Bild! Von diesem Flügelbild, von diesem Fliegenkönnen und -dürfen lebt die Taube. Auch sie lebt nicht vom Brot allein.

Umso mehr frage ich mich, warum wir diesem Wesen nicht demgemäß begegnen? Warum umgeben wir es mit der Stimmung eines Füttertierchens und lassen es damit genug sein, ja degradieren es damit immer mehr zu solchen «Tierchen», anstatt es mit der Erhabenheit seiner Wesens-Potenz zu empfangen, zu umgeben, zu entwickeln? Nicht von ungefähr scheint vormals doch gerade die Taube zur Darstellung göttlicher Inspiration geeignet gewesen zu sein!

Der lebendig fliegende Gedanke

«Vogel» und «menschliches Kopfes-Dasein» stehen in einem inneren Bezug zueinander:

«Der Vogel [...] ist im Ganzen eigentlich ein Kopf, und in dieser durchwärmten Luft, die er durchfliegt durch den Weltenraum, ist er eigentlich der lebendig fliegende Gedanke.»[132]

Dass das Kopfesdasein zum Vorgeburtlichen Verwandtschaft hat, dafür mag etwa unser Vermögen, in Idealen «träumen» zu können, eine authentische Erfahrungsbrücke sein. Bereits aber die ungemein ideale Schönheit im Anblick einer Vogelschwinge erinnert uns an das Vorgeburtliche:

«Dann sagt sich derjenige, der so hereinschaut in die geistige Welt: In den Schmetterlingen, in den Vögeln haben wir etwas, das erinnert an jene Geistformen, unter denen der Mensch gelebt hat, bevor er auf die Erde herabgestiegen ist, an die Wesen der höheren Hierarchien.»[133]

Im Vergleich der Proportionen eines Erwachsenen mit denen eines Kleinkindes zeigt sich augenscheinlich, dass der Mensch als Kopfwesen – als Vogel(!) – auf die Erde

Engelsflügel – Vorbild für den Vogelflügel ... oder umgekehrt?
(Links: Willem van Drost: Die Vision Daniels, um 1650)

kommt. Und berührt es uns nicht geradezu kindlich beglückend, wenn eine Kohlmeise zu uns auf die Hand kommt?[134]

Der Vogel also tatsächlich ein Bild eines Kopf- oder auch eines «kleinkindartigen» Wesens! Wäre es dann aber nicht auch Aufgabe, solche real begründeten Empfindungsbilder nicht bloß für uns zu bewahren, sie nicht bloß als die unsrigen zu erleben, sondern sie vielmehr nach draußen, dort zum Vogel auf meiner Hand hin herauszusetzen?

> «*Raum greift aus uns und übersetzt die Dinge:*
> *dass dir das Dasein eines Baums gelinge,*
> *wirf Innenraum um ihn, aus jenem Raum,*
> *der in dir west*»[135],

formuliert so unnachahmlich treffend Rainer Maria Rilke. Und Novalis beschreibt dies sogar als eine Art Erkenntnis-Methode:

> «*Der erste Schritt wird Blick nach innen –*
> *absondernde Beschauung unseres Selbst – Wer hier*
> *stehen bleibt, gerät nur halb. Der zweite Schritt muss*
> *wirksamer Blick nach außen – selbsttätige, gehaltene*
> *Beobachtung der Außenwelt sein.*»[136]

Aufgabe wäre also, das «Dort» mit dem eigenen, an der aktuellen Begegnung orientierten Seelenerleben zu umfangen, das «D-Ort» wieder mit einem «Ort», mit «Innenraum» zu umgeben! Werde ich nicht gerade jetzt, beim Besuch der Kohlmeise auf meiner Hand, von einem Gedankenwesen, von einem Wesen, das mehr noch dem Himmel als der Erde zugewandt ist, besucht? Lebt der Vogel nicht gerade davon, dass wir ihn mit seiner Wesensstimmung umfangen? Ist es nicht das, was wir den Wesen um uns herum wiederzugeben haben: ihren Umkreis?

Vögel: Mittler zweier Welten

Anmerkungen

1 Rudolf Steiner: Der Mensch als Zusammenklang des schaffenden, bildenden und gestaltenden Weltenwortes (GA 230), Vortrag vom 27. Oktober 1923.
2 Rudolf Steiner: Anthroposophische Pädagogik und ihre Voraussetzungen (GA 309), Vortrag vom 16. April 1924.
3 Für eine ausführlichere Betrachtung dieser Tiergruppen aus anthroposophischer Sicht siehe unter anderem: Jörg Spranger (Hg.): Lehrbuch der anthroposophischen Tiermedizin, Stuttgart 2007.
4 Vgl. Rudolf Steiner: Die Welt der Vögel. Hg.: Hans-Christian Zehnter, Dornach 2007.
5 Rudolf Steiner: Der Mensch als Zusammenklang des schaffenden, bildenden und gestaltenden Weltenwortes (GA 230), Vortrag vom 19. Oktober 1923.
6 Rudolf Steiner: Einleitungen zu Goethes Naturwissenschaftlichen Schriften (GA 1), Kapitel XVIII. Goethes Weltanschauung in seinen «Sprüchen in Prosa».
7 Rudolf Steiner: Über Gesundheit und Krankheit – Grundlagen einer geisteswissenschaftlichen Sinneslehre (GA 348), Vortrag vom 29. November 1922.
8 Rudolf Steiner: Mythen und Sagen. Okkulte Zeichen und Symbole (GA 101), Vortrag vom 27. Dezember 1907.
9 Rudolf Steiner: Weltenwunder, Seelenprüfungen, Geistesoffenbarungen (GA 129), Vortrag vom 26. August 1911.
10 Vgl. Rudolf Steiner: Die Welt der Vögel. Hg.: Hans-Christian Zehnter, Dornach 2007.
11 Albert Steffen: Lebensgeschichte eines jungen Menschen, Kapitel XXI, S. 291.

12 Rudolf Steiner: Allgemeine Menschenkunde als Grundlage der Pädagogik (GA 293), Vortrag vom 22. August 1919.
13 «Kosmos» steht hier synonym für «geistige Welt», die sich im Kontext von «Reinkarnation und Karma» in «vorgeburtlich» und «nachtodlich» gliedern lässt.
14 Rudolf Steiner: Anthroposophische Leitsätze (GA 26), Leitsatz: Gedächtnis und Gewissen.
15 Rudolf Steiner: Allgemeine Menschenkunde als Grundlage der Pädagogik (GA 293), Vortrag vom 4. September 1919.
16 Rudolf Steiner (1924/25): Anthroposophische Leitsätze (GA 26), Leitsatz 105.
17 Rudolf Steiner (1924/25): Anthroposophische Leitsätze (GA 26), Leitsatzbrief: Die Weltgedanken im Wirken Michaels und im Wirken Ahrimans.
18 Vgl. Frimut Husemann: «Zur Betrachtung von Leonardos Abendmahl», in «Das Goetheanum» Nr. 14/1985, S. 97–99.
19 Ebd.
20 Vgl. Ernst-Michael Kranich: Wesensbilder der Tiere. Einführung in eine goetheanistische Zoologie. Kapitel «Bussard und Adler». Stuttgart 1995.
21 Einhard Bezzel, Roland Prinzinger: Ornithologie, Stuttgart 1990.
22 L. F. C. Mees (1987): Tiere sind, was Menschen haben. Verlag J. Ch. Mellinger, Stuttgart.
23 Rudolf Steiner: Das Verhältnis der Sternenwelt zum Menschen und des Menschen zur Sternenwelt. Die geistige Kommunion der Menschheit (GA 219), Vortrag vom 17. Dezember 1922.
24 Rudolf Steiner: Der Mensch als Zusammenklang des schaffenden, bildenden und gestaltenden Weltenwortes (GA 230), Vortrag vom 27. Oktober 1923.
25 Die Ausbildung einer eigenen Innerlichkeit kann als luziferische, die Hinorientierung auf einen physisch-sinnlichen Umkreis auch als ahrimanische Tendenz aufgefasst werden. Das soll hier aber nicht weiter verfolgt werden.

26 Aus: Nelly Sachs: Fahrt ins Staublose. Gedichte, © Suhrkamp Verlag, Frankfurt a. M., 1988.
27 Rudolf Steiner: Der Mensch als Zusammenklang des schaffenden, bildenden und gestaltenden Weltenwortes (GA 230), Vortrag vom 28. Oktober 1923.
28 Ebd.
29 Vgl. Hans-Christian Zehnter: Hinausgehen, Dornach 2007.
30 Vgl. Wolter Bos: Die Lautäußerungen der Vogelwelt in Tages- und Jahreslauf. Elemente der Naturwissenschaft, Nr. 51(2)/1989, S. 1–13.
31 Aus: Nelly Sachs: Fahrt ins Staublose. Gedichte, © Suhrkamp Verlag, Frankfurt a. M., 1988.
32 Rudolf Steiner: Der Mensch als Zusammenklang des schaffenden, bildenden und gestaltenden Weltenwortes (GA 230), Vortrag vom 28. Oktober 1923.
33 Rudolf Steiner: Die Schöpfung der Welt und des Menschen. Erdenleben und Sternenwirken (GA 354), Vortrag vom 30. Juni 1924.
34 Rudolf Steiner: Die Erkenntnis des Menschenwesens nach Leib, Seele und Geist. Über frühe Erdenzustände (GA 347), Vortrag vom 20. September 1922.
35 Vgl. Joachim Ritter (1978): Landschaft. Zur Funktion des Ästhetischen in der modernen Gesellschaft. In: Schriften der Gesellschaft zur Förderung der Westfälischen Wilhelms-Universität zu Münster, Heft 54. Siehe insbesondere: Hans Rudolf Schweizer: Vom ursprünglichen Sinn der Ästhetik, Zug (CH) 1976. Sowie: Derselbe: Ästhetik als Philosophie der sinnlichen Erkenntnis, Basel/Stuttgart 1973. Außerdem: Heinrich Barth: Erscheinenlassen; mit Hinführungen von Rudolf Bind, Georg Maier und Hans Rudolf Schweizer, Basel 1999.
36 Rudolf Steiner (1924): Die Rätsel der Philosophie. Kapitel: Skizzenhaft dargestellter Ausblick auf eine Anthroposophie (GA 18).

37 Vgl. Hans-Jürgen Scheurle: Neue Wahrnehmungskonzepte im 20. Jahrhundert – Sinne als Gestaltungsaufgabe. In: Bernhard Hanel, Robin Wagner: Spannungsfeld Kunst. Stuttgart, Berlin 1997.
38 Rudolf Steiner spricht in diesem Zusammenhang auch von der «Akasha-Chronik». Vgl. Rudolf Steiner (1904–1908): Aus der Akasha-Chronik (GA 11).
39 Wir erleben dann etwas davon, wie Menschen früherer Zeiten diesen Anblick verwirklicht haben.
40 Rudolf Steiner (1884–1897): Einleitungen zu Goethes Naturwissenschaftlichen Schriften (GA 1), Kapitel «Das Urphänomen».
41 Rudolf Steiner (1886): Grundlinien einer Erkenntnistheorie der Goetheschen Weltanschauung (GA 2), Kapitel: Der Grund der Dinge und das Erkennen.
42 Vgl. Cornelis Bockemühl (Hg.): Erdentwicklung aktuell erfahren. Geologie und Anthroposophie im Gespräch, Stuttgart 1999.
43 Rudolf Steiner: Die Evolution vom Gesichtspunkt des Wahrhaftigen (GA 132), Vortrag vom 31. Oktober 1911.
44 Rudolf Steiner: Der Mensch als Zusammenklang des schaffenden, bildenden und gestaltenden Weltenwortes (GA 230), Vortrag vom 27. Oktober 1923.
45 Rudolf Steiner: Weltwesen und Ichheit (GA 169), Vortrag vom 18. Juli 1916: Der Weg zur Imagination.
46 Rudolf Steiner: Der übersinnliche Mensch anthroposophisch erfasst (GA 231), Vorträge vom 13.–18. November 1923.
47 Vgl. Jos Verhulst: Der Erstgeborene. Mensch und höhere Tiere in der Evolution, Stuttgart 1999.
48 Ernst Michael Kranich: Wesensbilder der Tiere. Einführung in die goetheanistische Zoologie. Kapitel «Bussard und Adler», Stuttgart 1995.
49 Einhard Bezzel, Roland Prinzinger: Ornithologie. Stuttgart 1990.

50 Rudolf Steiner: Der Mensch als Zusammenklang des schaffenden, bildenden und gestaltenden Weltenwortes (GA 230), Vortrag vom 19. Oktober 1923.
51 Vgl. Adolf Portmann: Vom Wunder des Vogellebens. München, Zürich 1984.
52 Rudolf Steiner: Mensch und Welt. Das Wirken des Geistes in der Natur. Über das Wesen der Bienen (GA 351), Vortrag vom 13. Oktober 1923.
53 Die folgenden Ausführungen sind entnommen: Hans-Christian Zehnter: Hat das Christentum das Wesen der Vögel schon erreicht? In: Die Christengemeinschaft Nr. 2/2003, S. 77–82.
54 Vortrag vom 16. Juli 1921. In: Menschenwerden, Weltenseele und Weltengeist – Erster Teil. GA 205. Dieser Hinweis von *Rudolf Steiner* kann geradezu als methodologische Anweisung verstanden werden, die Bildungen der Natur geistig verstehen zu lernen.
55 Auch in der gebräuchlichen Fachterminologie taucht der Begriff «Strahl» auf: Am zentralen Federschaft sitzen die – für das bloße Auge sichtbaren – Federäste an. Diese wiederum treten miteinander durch Haken- und Bogenstrahlen in Verbindung, die erst durch das Mikroskop zur Erscheinung kommen. Siehe auch: Andreas Frister: Weltenlicht und Weltenwärme, in «Das Goetheanum» Nr. 25/2008, S. 8–9.
56 Ernst Michael Kranich: Wesensbilder der Tiere. Einführung in die goetheanistische Zoologie. Kapitel «Bussard und Adler», Stuttgart 1995.
57 Rudolf Steiner: Menschenwerden, Weltenseele und Weltengeist – Erster Teil (GA 205), Vortrag vom 16. Juli 1911.
58 Siehe Adolf Portmann: Vom Wunder des Vogellebens. S. 40, 41. München, Zürich 1984.
59 Rudolf Steiner: Weltenwunder, Seelenprüfungen und Geistesoffenbarungen (GA 129), Vortrag vom 26. August 1921.
60 Rudolf Steiner: Der Mensch als Zusammenklang des schaffen-

den, bildenden und gestaltenden Weltenwortes (GA 230), Vortrag vom 21. Oktober 1923.
61 Rudolf Steiner: Lebendiges Naturerkennen. Intellektueller Sündenfall und spirituelle Sündenerhebung (GA 220), Vortrag vom 20. Januar 1923.
62 Rudolf Steiner: Das Miterleben des Jahreslaufes in vier kosmischen Imaginationen (GA 229), Vortrag vom 12. Oktober 1923.
63 Vgl. Hans-Christian Zehnter: Hinausgehen, Dornach 2007.
64 Rudolf Steiner: Über Gesundheit und Krankheit. Grundlagen einer geisteswissenschaftlichen Sinneslehre (GA 348), Vortrag vom 20. Dezember 1923.
65 Albert Steffen: Lebensgeschichte eines jungen Menschen, Kapitel XXI, S. 291.
66 Rudolf Steiner: Was gemeint ist. Einleitende Worte zum Kalender 1912/13.
67 Vgl. Jochen Bockemühl et al.: Erscheinungsformen des Ätherischen. Stuttgart 1985.
68 Rudolf Steiner: Die Beantwortung von Welt- und Lebensfragen durch Anthroposophie (GA 108), Vortrag vom 18. Januar 1909: Die praktische Ausbildung des Denkens.
69 Zu den folgenden Betrachtungen vgl. Alfred Bast: Von der Entdeckung des offen Sichtlichen oder Die Sprache der Dinge. In: Michael Hauskeller (Hg.): Die Kunst der Wahrnehmung. Beiträge zu einer Philosophie der sinnlichen Erkenntnis, Zug (CH) 2003.
70 Siehe zum Beispiel «Der Goethesche Raumbegriff», in Rudolf Steiner: Einleitungen zu Goethes Naturwissenschaftlichen Schriften (GA 1).
71 Rudolf Steiner: Das Verhältnis der Sternenwelt zum Menschen und des Menschen zur Sternenwelt. Die geistige Kommunion der Menschheit (GA 219), Vortrag vom 17. Dezember 1922.

72 Rudolf Steiner: Entsprechungen zwischen Mikrokosmos und Makrokosmos. Der Mensch – eine Hieroglyphe des Weltenalls (GA 201), Vortrag vom 9. April 1920.
73 Es dürfte deutlich sein, dass unsere Betrachtungen abermals um den von Goethe eingeforderten Anthropomorphismus kreisen, also ernst zu nehmen, dass das menschliche Innere das Innere der Natur ist.
74 Rudolf Steiner: Weltenwesen und Ichheit (GA 169), Vortrag vom 27. Juni 1916.
75 Rudolf Steiner: Der Mensch als Zusammenklang des schaffenden, bildenden und gestaltenden Weltenwortes (GA 230), Vortrag vom 27. Oktober 1923.
76 Vgl. Ernst-August Müller: Der Auftrieb eines eingetauchten Körpers, mit Hinweisen auf die Verhältnisse beim Gehirn. In: Torsten Arncken, Dietrich Rapp, Hans-Christian Zehnter (1999): Eine Rose für Jochen Bockemühl. Sondernummer der Elemente der Naturwissenschaft, Dürnau 1999.
77 Hilde Domin: Gesammelte Gedichte, © S. Fischer Verlag GmbH, Frankfurt a. M., 1987.
78 Rudolf Steiner: Aus der Akasha-Chronik (GA 11).
79 Siehe: Rudolf Steiner: Die Welt der Vögel. Hg.: Hans-Christian Zehnter, Dornach 2007.
80 Gernot Böhme: Atmosphäre. Frankfurt 1995.
81 Rudolf Steiner: Mythen und Sagen. Okkulte Zeichen und Symbole (GA 101), Vortrag vom 13. Dezember 1907.
82 Rudolf Steiner: Menschheitsentwickelung und Christus-Erkenntnis (GA 100), Vortrag vom 24. Juni 1907.
83 Friedrich Kipp: Über den Vogelzug, in: Sternenkalender Nr. 21, S. 58–62.
84 Zum Begriff der «Selbstdarstellung» siehe Adolf Portmann, u. a.: Vom Wunder des Vogellebens, München, Zürich 1984.
85 Vgl. Walther Streffer: Wunder des Vogelzuges, S. 186. Stuttgart 2005.

86 Walther Streffer (2005): Wunder des Vogelzuges, S. 186–187. Stuttgart 2005.
87 Vgl. Kommentar von Dorothea Walz und Carl Arnold Willemsen zu «Das Falkenbuch Friedrich II.», Akademische Druck- und Verlagsanstalt, Graz.
88 Erwin Stresemann (1951): Die Entwicklung der Ornithologie – Von Aristoteles bis zur Gegenwart, Kapitel I. Klassiker der Ornithologie, Aula-Verlag, Wiesbaden.
89 Christian Morgenstern an Michael Bauer am 21. Mai 1913, in: Wir fanden einen Pfad.
90 Walther Streffer: Entwurf einer Biologie der Freiheit am Beispiel der Singvögel – Zur Differenzierung des Reviergesanges. Jahrbuch für Goetheanismus, Tycho de Brahe 2007, S. 33–76.
91 Vgl. hierzu insbesondere Wolter Bos: Wo singen Vögel und weshalb gerade dort? Die Gesangsstellen der Vögel aus der Perspektive eines erweiterten Begriffs des Singens. Elemente der Naturwissenschaft Nr. 84/2006, S. 21–36. Und Wolter Bos: Der Vogelgesang – eine Kommunion. Warum und wo singen die Vögel? «Das Goetheanum» Nr. 12/2006, S. 4–5.
Im Gegensatz dazu sucht der Mensch der Bewusstseinsseele das Göttliche im Sprechen, Denken, Meditieren auf – nicht mehr durch den Gesang. Vgl. Judith von Halle (2006): Das Vaterunser. Das gesprochene Wort Gottes, S. 72. Dornach 2006.
92 Vgl. Wolter Bos: Die Lautäußerungen der Vogelwelt in Tages- und Jahreslauf. Elemente der Naturwissenschaft, Nr. 51 (2)/1989, S. 1–13.
93 Siehe Fußnote 91.
94 Ebd.
95 Rudolf Steiner: Das Johannes-Evangelium (GA 103), Vortrag vom 19. Mai 1908.
96 Aus: Hilde Domin: Gesammelte Gedichte, © S. Fischer Verlag GmbH, Frankfurt a. M., 1987.
97 Rudolf Steiner: Der Jahreslauf als Atmungsvorgang der Erde

und die vier großen Festeszeiten (GA 223), Vortrag vom 7. April 1923.
98 Rudolf Steiner: Mythen und Sagen. Okkulte Zeichen und Symbole (GA 101), Vortrag vom 21. Oktober 1907.
99 Rudolf Steiner: Die Welträtsel und die Anthroposophie (GA 54), Vortrag vom 22. März 1906.
100 Rudolf Steiner: Menschenwerden, Weltenseele und Weltengeist – Zweiter Teil (GA 206), Vortrag vom 19. August 1921.
101 Rudolf Steiner: Wie erlangt man Erkenntnisse der höheren Welten? (GA 10), Kapitel I. Die Vorbereitung.
102 Vgl. Hans-Christian Zehnter: Warum singen Vögel? – Eine erste Annäherung. «Das Goetheanum» Nr. 32/1998.
103 Rudolf Steiner: Sprachgestaltung und dramatische Kunst (GA 282), Vortrag vom 15. September 1924.
104 Vgl. z. B. Hanne Tügel: Götterfunken und Plagiate. In: Geo Nr. 4/2008, S. 196.
105 Es sei aber deutlich gesagt, dass die Vogelstimmen-CD durchaus eine Lernhilfe sein kann, wenn sie in umgekehrter Richtung dazu verwendet wird, draußen in der Natur Gehörtes namentlich bestimmen lernen zu wollen.
106 Rudolf Steiner (1924): Geisteswissenschaftliche Grundlagen zum Gedeihen der Landwirtschaft (GA 327), Vortrag vom 15. Juni 1924.
107 Ebd.
108 In einer nächsten Stufe können diese Seelenerlebnisse zu einer wesenhaften Schau der sogenannten Elementarwesen bzw. höherer, hierarchischer Wesenheiten vertieft werden. So werden ja Elementarwesen auch als «Beziehungswesen» betrachtet. Siehe hierzu auch die entsprechenden Abschnitte in Rudolf Steiner: Die Welt der Vögel. Hg.: Hans-Christian Zehnter, Dornach 2007.
Siehe auch: Jochen Bockemühl: Naturintime Wechselwirkungen. Aspekte einer bewussten Beziehung zu den Elementar-

wesen, in «Das Goetheanum» Nr. 3/2006; sowie Skript von Dirk Kruse: Seelisches Beobachten – in der Natur. Zu beziehen beim Autor; sowie Rudolf Steiner: Die Welt der Elementarwesen. Hg.: Almut Bockemühl, Dornach 2005; sowie: Jochen Bockemühl: Naturintime Wechselwirkungen – Aspekte einer neuen Beziehung zu den Elementarwesen, in: Markus Hurter (Hg.): Zur Vertiefung der biologisch-dynamischen Landwirtschaft, Dornach 2007.

109 Rudolf Steiner (1924): Geisteswissenschaftliche Grundlagen zum Gedeihen der Landwirtschaft (GA 327).

110 Eine Kurzform der folgenden Ausführungen erschien im «Goetheanum» Nr. 3/2006 unter dem Titel: Ökologie – seelisch-geistig. Zur Bedeutung der Vögel für die Land(wirt)schaft.

111 Rudolf Steiner (1914): Die Rätsel der Philosophie (GA 18), Kapitel «Skizzenhaft dargestellter Ausblick auf eine Anthroposophie».

112 Rudolf Steiner (1923): Der Mensch als Zusammenklang des schaffenden, bildenden und gestaltenden Weltenwortes (GA 230), Vortrag vom 2. November 1923.
Vgl. hierzu auch die Formulierungen Rudolf Steiners zu den Ursache-Wirkungs-Zusammenhängen in den vier Naturreichen. Für das Tierreich formuliert er: «Vergangene überphysische Ursachen zu gegenwärtigen Wirkungen» (in: Esoterische Betrachtungen karmischer Zusammenhänge, GA 235, Vortrag vom 16. Februar 1924).
Hierzu gehört auch die Aussage Rudolf Steiners im «Landwirtschaftlichen Kurs» (GA 327, Vortrag vom 15. Juni 1924): «Das Tier ist im Wesentlichen, insofern es ein eigenes Wesen ist, ein unmittelbarer Verarbeiter von Luft und Wärme durch sein Nerven-Sinnes-System. [...] Es muss also das Tier schon da sein durch Luft und Wärme, wenn es Erde und Wasser verarbeiten soll. So [auf diese Weise] lebt das Tier im Bereiche der Erde und im Bereiche des Wassers.»

113 Zum Umgebungsbegriff beim Tier vgl. z. B.: Johannes Wirz: Schritte zu einem neuen Ansatz in der Entwicklungsbiologie. Elemente der Naturwissenschaft Nr. 53(2)/1990.

114 Es könnte an dieser Stelle den Anschein nehmen, dass wir uns in einen Widerspruch zu Goethes Ausspruch «Das Tier wird durch seine Organe belehrt, der Mensch belehrt die seinigen und beherrscht sie.» (Maximen und Reflektionen IX) begeben würden. Dann allerdings würde man die Organe des Tieres als die bloß physischen Organe betrachten und von denen abgesetzt das übersinnliche Tierwesen, das sich nach seiner Maßgabe dieser Organe bedienen würde. Man würde dadurch aber nur einem Dualismus verfallen. Denn auch das, was wir Organ nennen, ist Glied des Tier*wesens*, auch das, was wir Organ nennen, bestimmt sich aus dem Wesen des Tieres – und das gilt bis ins Physische hinein. Die von Goethe formulierte Beschränkung des Tieres liegt also bereits auf seelisch-geistiger Ebene. Umso deutlicher wird damit aber auch die von Goethe angesprochene Freiheit des Seelisch-Geistigen im Menschen: Es kann sich selbst ergreifen und sich selbst belehren und entwickeln, metamorphosieren! Eben dieses Vermögen hat das Tierwesen nicht.

115 Hans Jenny (1992): Tierlandschaften. Raffael-Verlag.

116 Rudolf Steiner (1924): Geisteswissenschaftliche Grundlagen zum Gedeihen der Landwirtschaft (GA 327), Vortrag vom 15. Juni 1924.

117 Ebd.

118 Ebd.

119 Ebd.

120 Ebd.

121 Aus: Rudolf Steiner: Tischgebet, in: Wahrspruchworte (GA 40).

122 Rudolf Steiner: Der Jahreslauf als Atmungsvorgang der Erde und die vier großen Festeszeiten (GA 223), Vortrag vom 7. April 1923.

123 Notizbucheintragungen Rudolf Steiners zum Vortrag vom 27. Oktober 1923, in: «Beiträge zur Rudolf Steiner Gesamtausgabe» Nr. 40.
124 Rudolf Steiner: Das Geheimnis der Trinität (GA 214), Vortrag vom 28. Juli 1922.
125 Vgl. Rudolf Steiner: Die Rätsel der Philosophie (GA 18), letztes Kapitel.
126 Vgl. Rudolf Steiner: Einleitungen zu Goethes Naturwissenschaftlichen Schriften (GA 1), Kapitel XVIII.
127 Vgl. Gernot Böhme (1995): Atmosphäre, S. 223, Frankfurt am Main.
128 Walter Muschg: Weltreich der Vögel. In: Federico Hindermann (Hg.): Vögel in der Weltliteratur. Manesse Bibliothek der Weltliteratur.
129 Leicht veränderte Fassung von: Hans-Christian Zehnter: Dingfest – vogelfrei. Von der Bedeutung der Beziehung des Menschen zum Vogelwesen. In: «Das Goetheanum» Nr. 45/2005.
130 Siehe Rudolf Steiner: Aus der Akasha-Forschung. Das Fünfte Evangelium (GA 148).
131 Vgl. auch den Beitrag von Michael Rist. In: «Das Goetheanum» Nr. 8/2004.
132 Rudolf Steiner: Der Mensch als Zusammenklang des schaffenden, bildenden und gestaltenden Weltenwortes (GA 230), Vortrag vom 28. Oktober 1923.
133 Rudolf Steiner: Der Mensch als Zusammenklang des schaffenden, bildenden und gestaltenden Weltenwortes (GA 230), Vortrag vom 27. Oktober 1923.
134 Wie anders im Vergleich dazu die Katze, die bei uns im «Schooße» ruht, oder die Kuh, wenn sie beim Striegeln zufrieden zu brummen beginnt.
135 Rainer Maria Rilke: Durch den sich Vögel werfen ...
136 Novalis: Blütenstaub 26.

Abbildungsnachweis

Titelblatt: Photo von Jean-Lou Zimmermann.

Kapitel I:
- Pfingsten: Detail aus einem Altarbild aus Osnabrück um 1730, Wallraf-Richartz-Museum, Köln; mit freundlicher Genehmigung des Rheinischen Bildarchivs, Köln.
- Tafelskizze: Rudolf Steiner, aus GA 348, Copyright by Rudolf Steiner Nachlassverwaltung, Dornach 2008.
- Im Umkreis des dreifaltigen Gottes: Wilhelm Mengelberg: Die Allerheiligste Dreifaltigkeit, 1905, Kölner Dom.
- Die Taufe Christi, Piero della Francesca, London, National Gallery.
- Das Abendmahl, Leonardo da Vinci, Mailand.
- Elle und Speiche: Skizzen von Hans-Christian Zehnter.

Kapitel II:
- Schmetterlingsflügel, Photo: Hans-Christian Zehnter.
- Anmutungen des Vogels: Skizzen von Hans-Christian Zehnter.
- Rüttelnder Turmfalke: Photo von Jean-Lou Zimmermann.
- Kohlmeise an Futterstelle: Photo von Jean-Lou Zimmermann.
- Lauernde Katze: Photo: Borntaler, www.pixelio.de.
- Blick des Löwen und der Libelle: Skizzen von Hans-Christian Zehnter.
- Cyberspace-Brille: Photo: www.produktdesign.com.
- Seidenschwanz: Photo: Jean-Lou Zimmermann.
- Kolibri: Photo aus Robert Burton: Der Vogelflug, Stuttgart 1991.

Kapitel III:
- Cherubim: Kuppel der Klosterkirche Sucevita, Rumänien, Anfang des 16. Jahrhunderts, © Raffael-Verlag, Ittingen.
- Rotkehlchen: Photo aus Robert Burton: Der Vogelflug, Stuttgart 1991.
- Tafelskizze: Rudolf Steiner, aus GA 230, Copyright by Rudolf Steiner Nachlassverwaltung, Dornach 2008.
- 4 Photos zur Morgendämmerung: Hans-Christian Zehnter.

Kapitel IV:
- Dinosaurier-Fußabdruck: Spur eines pflanzenfressenden Dinosauriers Sauropoda indet., Vorder- und Hinterfußabdruck, Courtedoux-Sur Combe Ronde, 152 Millionen Jahre, Kimmeridge, Späte Jurazeit. www.palaeojura.ch/d/funde/sites/12sauropoda.html.
- Aplitische Gänge (Aplit = sehr feinkörniger Granit mit viel Quarz und Kalifeldspat und wenig Glimmer), die in einem Biotitgneis (dunkel) intrudiert und anschließend verfaltet worden sind. Österreichische Alpen, oberstes «Krimmler Achental»; Photo: Claudio Rosenberg.

Kapitel V:
- Vogelflügel: Skizzen von Hans-Christian Zehnter.
- Entstehung der Vogelfeder: Adolf Portmann: Einführung in die vergleichende Morphologie der Wirbeltiere, Basel 1976.
- Feder der Blauracke: Photo: Hans-Christian Zehnter.
- Bleistiftskizzen zur Feder: Hans-Christian Zehnter.
- Schema zur Federentstehung: Einhard Bezzel, Roland Prinzinger: Ornithologie, © 1990, Eugen Ulmer KG, Stuttgart.

Kapitel VI:
- 4 Photos mit weißem Blatt Papier: Hans-Christian Zehnter.

- Werbung der Schweizer Post: Photo: Axel Mannigel.
- Basstölpel: Robert Burton, Der Vogelflug, Stuttgart 1991.

Kapitel VII:
- Tafelskizze: Rudolf Steiner, aus GA 223, Copyright by Rudolf Steiner Nachlassverwaltung, Dornach 2008.
- Siegfried mit dem Drachen: Photo: Rhami Tarawneh.
- Kleiber: Skizze: Hans-Christian Zehnter.

Kapitel VIII:
- Photo der brütenden Blässralle: Hans-Christian Zehnter.
- Hans Jenny: Kuhherde. 1969, Copyright by Maria Jenny und Eva Koster-Jenny, Dornach, CH.
- Tafelskizzen: Rudolf Steiner, aus GA 327, Copyright by Rudolf Steiner Nachlassverwaltung, Dornach 2008.
- Bleistiftskizzen: Hans-Christian Zehnter.
- Franz Marc: Die roten Pferde (Weidende Pferde IV), 1911, © Blauel/Gnamm Artothek, Weilheim, DE.
- Franz Marc: Vögel, 1914, © Hans Hinz, Artothek, Weilheim, DE.

Kapitel IX:
- Straßentaube: Photo: Hans-Christian Zehnter.
- Willem van Dost: Die Vision Daniels, um 1650, © bpk-agentur, Berlin, DE.
- Weiße Taube: Photo: Hans-Christian Zehnter.
- Abfahrt 17.35: Photo: Hans-Christian Zehnter.

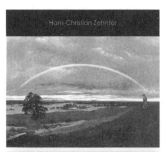

Hans-Christian Zehnter

Hinausgehen

Ein Gang durch
die christlichen Feste
im Jahreskreislauf
der Natur

2007, 80 S., Kt.
ISBN 978-3-7235-1319-4

Verlag am Goetheanum

Hinausgehen – Transzendieren – Ausfliegen

Michaeli: Stärkung der Erinnerungs- und Geisteskraft

Weihnachten: Gabriels Verheißung

Ostern: Lichtwesen: Träger der Jahreszeiten.
In Christus wird Leben der Tod.

Johanni: In der Blickwendung – das Welten-Ich
Die Hochsommer-Farbigkeit – Uriels historisches Gewissen

Michaeli: Verzicht auf Sinnes-Erleben

Hans-Christian Zehnter

Durch das Jahr

Zwölf Monats-einstimmungen und ein Johannisbeer-strauch-Zweig

2006, 96 S., Kt.
ISBN 978-3-7235-1269-2

Verlag am Goetheanum

Anhand konkreter Beobachungen, Gedanken und Erlebnissen werden wir eingeladen, mit jedem Monat eine besondere Begegnung zu haben, so dass die äußeren Naturphänomene, Bäume, Blumen, Vögel atmophärische Bedingungen usw. in der Seele ganz bestimmte Stimmungen hervorrufen.

«Andacht zum Kleinen könnte man diese zwölf Betrachtungen nennen, die anleiten, im Miterleben des Naturgeschehens um uns herum den inneren Seelen-raum zu bereichern.» *Heinz Zimmermann*